了凡四训

袁了凡

竹和松出版社

出版：竹和松出版社（Zhu & Song Press）

Zhu & Song Press, LLC

North Potomac, Maryland

责任编辑：朱晓红

责编信箱：editor@zhuandsongpress.com

封面设计：竹和松传媒

出版社网址：www.zhuandsongpress.com

印刷地：美国，英国

发行：全球（中国大陆除外）

ISBN-13:979-8-88689-004-4

作者简介

袁黄（1533 年－1606 年），初名表，后改名黄，字庆远，又字坤仪、仪甫，初号学海，后改了凡，后人常以其号"了凡"称之，浙江嘉兴府嘉善县魏塘镇人。晚年辞官后曾隐居吴江芦墟赵田村，故一作吴江人。明代思想家。

袁黄青少年时聪颖敏悟，卓有异才，曾受教于云谷禅师，对天文、术数、水利、军政、医药等无不研究，补诸生。嘉靖四十四年（1565 年），知县辟书院，令高材生从袁受经学。万历五年（1577 年）会试，初拟取第一，因策论违逆主考官而落第。十四年（1586 年）中进士，为万历初嘉兴府三名家之一。奉命清核苏松钱粮，上《赋役仪》，又请减免额外加征米银 10 余条款，被豪绅所阻而作罢。万历十六年（1588 年）授河北宝坻（今属天津）知县，任职五年，业绩辉煌。万历二十年（1592 年），调任兵部职方主事，适日本侵略朝鲜，朝廷大举东征，蓟辽经略宋应昌上疏请袁黄到军营赞画，与刘黄裳浮海渡鸭绿江。后突遇日军攻城，袁黄率领部下及 3000 名朝鲜兵击退之。不久，李如松兵败碧蹄馆，兵部尚书石星主张拨款议和，袁黄上书提出将骄应罢兵。李如松诬袁黄以十大罪状，袁黄遂罢归家居，闭户著书。卒年 74 岁。

目录

了凡四训 原文

第 01 章 立命之学

余童年丧父，老母命弃举业学医，谓可以养生，可以济人，且习一艺以成名，尔父夙心也。后余在慈云寺，遇一老者，修髯伟貌，飘飘若仙，余敬礼之。语余曰：「子仕路中人也，明年即进学，何不读书？」

余告以故，并叩老者姓氏里居。

曰：「吾姓孔，云南人也。得邵子皇极数正传，数该传汝。」

余引之归，告母。

母曰：「善待之。」

试其数，纤悉皆验。余遂启读书之念，谋之表兄沈称，言：「郁海谷先生，在沈友夫家开馆，我送汝寄学甚便。」

余遂礼郁为师。

孔为余起数：县考童生，当十四名；府考七十一名，提学考第九名。明年赴考，三处名数皆合。复为卜终身休咎，言：某年考第几名，某年当补廪，某年当贡，贡后某年，当选四川一大尹，在任三年半，即宜告归。五十三岁八月十四日丑时，当终于正寝，惜无子。余备录而谨记之。

自此以后，凡遇考校，其名数先后，皆不出孔公所悬定者。独算余食廪米九十一石五斗当出贡；及食米七十一石，屠宗师即批准补贡，余窃疑之。后果为署印杨公所驳，直至丁卯年（公元 1567 年），殷秋溟宗师见余场中备卷，叹曰：「五策，即五篇奏议也，岂可使博洽淹贯之儒，老于窗下乎！」遂依县申文准贡，连前食米计之，实九十一石五斗也。余因此益信进退有命，迟速有时，澹然无求矣。

贡入燕都，留京一年，终日静坐，不阅文字。己巳（公元 1569 年）归，游南雍，未入监，先访云谷会禅师于栖霞山中，对坐一室，凡三昼夜不瞑目。

云谷问曰：「凡人所以不得作圣者，只为妄念相缠耳。汝坐三日，不见起一妄念，何也？」

余曰：「吾为孔先生算定，荣辱生死，皆有定数，即要妄想，亦无可妄想。」

云谷笑曰：「我待汝是豪杰，原来只是凡夫。」

问其故？

曰：「人未能无心，终为阴阳所缚，安得无数？但惟凡人有数；极善之人，

数固拘他不定；极恶之人，数亦拘他不定。汝二十年

来，被他算定，不曾转动一毫，岂非是凡夫？」

余问曰：「然则数可逃乎？」

曰：「命由我作，福自己求。诗书所称，的为明训。我教典中说：『求富贵得富贵，求男女得男女，求长寿得长寿。』夫妄语乃释迦大戒，诸佛菩萨，岂诳语欺人？」

余进曰：「孟子言：『求则得之』，是求在我者也。道德仁义可以力求；功名富贵，如何求得？」

云谷曰：「孟子之言不错，汝自错解耳。汝不见六祖说：『一切福田，不离方寸；从心而觅，感无不通。』求在我，不独得道德仁义，亦得功名富贵；内外双得，是求有益于得也。若不反躬内省，而徒向外驰求，则求之有道，而得之有命矣，内外双失，故无益。」

因问：「孔公算汝终身若何？」

余以实告。

云谷曰：「汝自揣应得科第否？应生子否？」

余追省良久，曰：「不应也。科第中人，类有福相，余福薄，又不能积功累行，以基厚福；兼不耐烦剧，不能容人；时或以才智盖人，直心直行，轻言妄谈。凡此皆薄福之相也，岂宜科第哉。

地之秽者多生物，水之清者常无鱼；余好洁，宜无子者一；和气能育万物，余善怒，宜无子者二；爱为生生之本，忍为不育之根；余矜惜名节，常不能舍己救人，宜无子者三；　多言耗气，宜无子者四；喜饮铄精，宜无子者五；　好彻夜长坐，而不知葆元毓神，宜无子者六。其馀过恶尚多，不能悉数。」

云谷曰：「岂惟科第哉。世间享千金之产者，定是千金人物；享百金之产者，定是百金人物；应饿死者，定是饿死人物；天不过因材而笃，几曾加纤毫意思。

即如生子，有百世之德者，定有百世子孙保之；有十世之德者，定有十世子孙保之；有三世二世之德者，定有三世二世子孙保之；其斩焉无后者，德至薄也。

汝今既知非。将向来不发科第，及不生子之相，尽情改刷；务要积德，务要包荒，务要和爱，务要惜精神。从前种种，譬如昨日死；从后种种，譬如今日生；此义理再生之身。

夫血肉之身，尚然有数；义理之身，岂不能格天。太甲曰：『天作孽，犹可违；自作孽，不可活。』诗云：『永言配命，自求多福。』孔先生算汝不登科第，不生子者，此天作之孽，犹可得而违；汝今扩充德性，力行善事，多积阴德，此自己所作之福也，安得而不受享乎？

易为君子谋，趋吉避凶；若言天命有常，吉何可趋，凶何可避？开章第一义，便说：『积善之家，必有馀庆。』汝信得及否？」

余信其言，拜而受教。因将往日之罪，佛前尽情发露，为疏一通，先求登科；誓行善事三千条，以报天地祖宗之德。

云谷出功过格示余，令所行之事，逐日登记；善则记数，恶则退除，且教持准提咒，以期必验。

语余曰：「符箓家有云：『不会书符，被鬼神笑。』此有秘传，只是不动念也。执笔书符，先把万缘放下，一尘不起。从此念头不动处，下一点，谓之混沌开基。由此而一笔挥成，更无思虑，此符便灵。凡祈天立命，都要从无思无虑处感格。

孟子论立命之学，而曰：『夭寿不贰。』夫夭寿，至贰者也。当其不动念时，孰为夭，孰为寿？细分之，丰歉不贰，然后可立贫富之命；穷通不贰，然后可立贵贱之命；夭寿不贰，然后可立生死之命。人生世间，惟死生为重，曰夭寿，则一切顺逆皆该之矣。

至修身以俟之，乃积德祈天之事。曰修，则身有过恶，皆当治而去之；曰俟，则一毫觊觎，一毫将迎，皆当斩绝之矣。到此地位，直造先天之境，即此便是实学。

汝未能无心，但能持准提咒，无记无数，不令间断，持得纯熟，于持中不持，于不持中持。到得念头不动，则灵验矣。」

余初号学海，是日改号了凡；盖悟立命之说，而不欲落凡夫窠臼也。从此而后，终日兢兢，便觉与前不同。前日只是悠悠放任，到此自有战兢惕厉景象，在暗室屋漏中，常恐得罪天地鬼神；遇人憎我毁我，自能恬然容受。

到明年（公元 1570 年）礼部考科举，孔先生算该第三，忽考第一；其言不验，而秋闱中式矣。然行义未纯，检身多误；或见善而行之不勇，或救人而心常自疑；或身勉为善，而口有过言；或醒时操持，而醉后放逸；以过折功，日常虚度。自己巳岁（公元 1569 年）发愿，直至己卯岁（公元 1579 年），历十馀年，而三千善行始完。

时方从李渐庵入关，未及回向。庚辰（公元 1580 年）南还。始请性空，慧空诸上人，就东塔禅堂回向。遂起求子愿，亦许行三千善事。辛巳（公元 1581 年），生男天启。

余行一事，随以笔记；汝母不能书，每行一事，辄用鹅毛管，印一朱圈于历日之上。或施食贫人，或买放生命，一日有多至十馀者。至癸未（公元 1583 年）八月，三千之数已满。复请性空辈，就家庭回向。九月十三日，复起求中进士愿， 许行善事一万条，丙戌（公元 1586 年）登第，授宝坻知县。

余置空格一册，名曰治心篇。晨起坐堂，家人携付门役，置案上，所行善恶， 纤悉必记。夜则设桌于庭，效赵阅道焚香告帝。

汝母见所行不多，辄颦蹙曰：「我前在家，相助为善，故三千之数得完；今许一万，衙中无事可行，何时得圆满乎？」

夜间偶梦见一神人，余言善事难完之故。神曰：「只减粮一节，万行俱完矣。」盖宝坻之田，每亩二分三厘七毫。余为区处，减至一分四厘六毫，委有此事，心颇惊疑。适幻余禅师自五台来，余以梦告之，且问此事宜信否？

师曰：「善心真切，即一行可当万善，况合县减粮，万民受福乎？」

吾即捐俸银，请其就五台山斋僧一万而回向之。

孔公算予五十三岁有厄，余未尝祈寿，是岁竟无恙，今六十九矣。书曰：「天难谌，命靡常。」又云：「惟命不于常」，皆非诳语。吾于是而知，凡称祸福自己求之者，乃圣贤之言。若谓祸福惟天所命，则世俗之论矣。

汝之命，未知若何？即命当荣显，常作落寞想；即时当顺利，常作拂逆想；即眼前足食，常作贫窭想；即人相爱敬，常作恐惧想；即家世望重，常作卑下想；即学问颇优，常作浅陋想。

远思扬祖宗之德，近思盖父母之愆；上思报国之恩，下思造家之福；外思济人之急，内思闲己之邪。

务要日日知非，日日改过；一日不知非，即一日安于自是；一日无过可改，即一日无步可进；天下聪明俊秀不少，所以德不加修，业不加广者，只为因循二字，耽阁一生。

云谷禅师所授立命之说，乃至精至邃，至真至正之理，其熟玩而勉行之，毋自旷也。

第 02 章 改过之法

春秋诸大夫，见人言动，亿而谈其祸福，靡不验者，左国诸记可观也。大都吉凶之兆，萌乎心而动乎四体，其过于厚者常获福，过于薄者常近祸，俗眼多翳，谓有未定而不可测者。至诚合天，福之将至，观其善而必先知之矣。祸之将至，观其不善而必先知之矣。今欲获福而远祸，未论行善，先须改过。

但改过者，第一，要发耻心。思古之圣贤，与我同为丈夫，彼何以百世可师？我何以一身瓦裂？耽染尘情，私行不义，谓人不知，傲然无愧，将日沦于禽兽而不自知矣；世之可羞可耻者，莫大乎此。孟子曰：耻之于人大矣。以其得之则圣贤，失之则禽兽耳。此改过之要机也。

第二，要发畏心。天地在上，鬼神难欺，吾虽过在隐微，而天地鬼神，实鉴临之，重则降之百殃，轻则损其现福，吾何可以不惧？不惟此也。闲居之地，指视昭然；吾虽掩之甚密，文之甚巧，而肺肝早露，终难自欺；被人觑破，不值一文矣，乌得不懔懔？不惟是也。一息尚存，弥天之恶，犹可悔改；古人有一生作恶，临死悔悟，发一善念，遂得善终者。谓一念猛厉，足以涤百年之恶也。譬如千年幽谷，一灯才照，则千年之暗俱除；故过不论久近，惟以改为贵。但尘世无常，肉身易殒，一息不属，欲改无由矣。明则千百年担负恶名，虽孝子慈孙，不能洗涤；幽则千百劫沉沦狱报，虽圣贤佛菩萨，不能援引。乌得不畏？

第三，须发勇心。人不改过，多是因循退缩；吾须奋然振作，不用迟疑，不烦等待。小者如芒刺在肉，速与抉剔；大者如毒蛇啮指，速与斩除，无丝毫凝滞，此风雷之所以为益也。

具是三心，则有过斯改，如春冰遇日，何患不消乎？然人之过，有从事上改者，有从理上改者，有从心上改者；工夫不同，效验亦异。

如前日杀生，今戒不杀；前日怒詈，今戒不怒；此就其事而改之者也。强制于外，其难百倍，且病根终在，东灭西生，非究竟廓然之道也。

善改过者，未禁其事，先明其理；如过在杀生，即思曰：上帝好生，物皆恋命，杀彼养己，岂能自安？且彼之杀也，既受屠割，复入鼎镬，种种痛苦，彻入骨髓；己之养也，珍膏罗列，食过即空，疏食菜羹，尽可充腹，何必戕彼之生，损己之福哉？又思血气之属，皆含灵知，既有灵知，皆我一体；纵不能躬修至德，使之尊我亲我，岂可日戕物命，使之仇我憾我于无穷也？一思及此，将有对食痛心，不能下咽者矣。

如前日好怒，必思曰：人有不及，情所宜矜；悖理相干，于我何与？本无可怒者。又思天下无自是之豪杰，亦无尤人之学问；有不得，皆己之德未修，感未至也。吾悉以自反，则谤毁之来，皆磨炼玉成之地；我将欢然受赐，何怒之有？

又闻而不怒，虽谗焰薰天，如举火焚空，终将自息；闻谤而怒，虽巧心力辩，如春蚕作茧，自取缠绵；怒不惟无益，且有害也。其馀种种过恶，皆当据理思之。

此理既明，过将自止。

何谓从心而改？过有千端，惟心所造；吾心不动，过安从生？学者于好色，好名，好货，好怒，种种诸过，不必逐类寻求；但当一心为善，正念现前，邪念自然污染不上。如太阳当空，魍魉潜消，此精一之真传也。过由心造，亦由心改，如斩毒树，直断其根，奚必枝枝而伐，叶叶而摘哉？

大抵最上治心，当下清净；才动即觉，觉之即无；苟未能然，须明理以遣之；又未能然，须随事以禁之；以上事而兼行下功，未为失策。执下而昧上，则拙矣。

顾发愿改过，明须良朋提醒，幽须鬼神证明；一心忏悔，昼夜不懈，经一七，二七，以至一月，二月，三月，必有效验。

或觉心神恬旷；或觉智慧顿开；或处冗沓而触念皆通；或遇怨仇而回嗔作喜；或梦吐黑物；或梦往圣先贤，提携接引；或梦飞步太虚；或梦幢幡宝盖，种种胜事，皆过消罪灭之象也。然不得执此自高，画而不进。

昔蘧伯玉当二十岁时，已觉前日之非而尽改之矣。至二十一岁，乃知前之所改，未尽也；及二十二岁，回视二十一岁，犹在梦中，岁复一岁，递递改之，行年五十，而犹知四十九年之非，古人改过之学如此。

吾辈身为凡流，过恶猬集，而回思往事，常若不见其有过者，心粗而眼翳也。 然人之过恶深重者，亦有效验：或心神昏塞，转头即忘；或无事而常烦恼；或见君子而赧然相沮；或闻正论而不乐；或施惠而人反怨；或夜梦颠倒，甚则妄言失志；皆作孽之相也，苟一类此，即须奋发，舍旧图新，幸勿自误。

第 03 章 积善之方

易曰：「积善之家，必有馀庆。」昔颜氏将以女妻叔梁纥，而历叙其祖宗积德之长，逆知其子孙必有兴者。孔子称舜之大孝，曰：「宗庙飨之，子孙保之」，皆至论也。试以往事徵之。

杨少师荣，建宁人。世以济渡为生，久雨溪涨，横流冲毁民居，溺死者顺流而下，他舟皆捞取货物，独少师曾祖及祖，惟救人，而货物一无所取，乡人嗤其愚。逮少师父生，家渐裕，有神人化为道者，语之曰：「汝祖父有阴功，子孙当贵显，宜葬某地。」遂依其所指而窆之，即今白兔坟也。后生少师，弱冠登第，位至三公，加曾祖，祖，父，如其官。子孙贵盛，至今尚多贤者。

鄞人杨自惩，初为县吏，存心仁厚，守法公平。时县宰严肃，偶挞一囚，血流满前，而怒犹未息，杨跪而宽解之。宰曰：「怎奈此人越法悖理，不由人不怒。」

自惩叩首曰：「上失其道，民散久矣，如得其情，哀矜勿喜；喜且不可，而况怒乎？」宰为之霁颜。

家甚贫，馈遗一无所取，遇囚人乏粮，常多方以济之。一日，有新囚数人待哺，家又缺米；给囚则家人无食；自顾则囚人堪悯；与其妇商之。

妇曰：「囚从何来？」

曰：「自杭而来。沿路忍饥，菜色可掬。」

因撤己之米，煮粥以食囚。后生二子，长曰守陈，次曰守址，为南北吏部侍郎；长孙为刑部侍郎；次孙为四川廉宪，又俱为名臣；今楚亭，德政，亦其裔也。

昔正统间，邓茂七倡乱于福建，士民从贼者甚众；朝廷起鄞县张都宪楷南征，以计擒贼，后委布政司谢都事，搜杀东路贼党；谢求贼中党附册籍，凡不附贼者，密授以白布小旗，约兵至日，插旗门首，戒军兵无妄杀，全活万人；后谢之子迁，中状元，为宰辅；孙丕，复中探花。

莆田林氏，先世有老母好善，常作粉团施人，求取即与之，无倦色；一仙化为道人，每旦索食六七团。母日日与之，终三年如一日，乃知其诚也。因谓之曰：「吾食汝三年粉团，何以报汝？府后有一地，葬之，子孙官爵，有一升麻子之数。」

其子依所点葬之，初世即有九人登第，累代簪缨甚盛，福建有无林不开榜之谣。

冯琢庵太史之父，为邑庠生。隆冬早起赴学，路遇一人，倒卧雪中，扪之，半僵矣。遂解己绵裘衣之，且扶归救苏。梦神告之曰：「汝救人一命，出至诚心，吾遣韩琦为汝子。」及生琢庵，遂名琦。

台州应尚书，壮年习业于山中。夜鬼啸集，往往惊人，公不惧也；一夕闻鬼云：「某妇以夫久客不归，翁姑逼其嫁人。明夜当缢死于此，吾得代矣。」公潜卖田，得银四两。即伪作其夫之书，寄银还家；其父母见书，以手迹不类，疑之。

既而曰：「书可假，银不可假，想儿无恙。」妇遂不嫁。其子后归，夫妇相保如初。

公又闻鬼语曰：「我当得代，奈此秀才坏吾事。」

旁一鬼曰：「尔何不祸之？」

曰：「上帝以此人心好，命作阴德尚书矣，吾何得而祸之？」

应公因此益自努励，善日加修，德日加厚；遇岁饥，辄捐谷以赈之；遇亲戚有急，辄委曲维持；遇有横逆，辄反躬自责，怡然顺受；子孙登科第者，今累累也。

常熟徐凤竹栻，其父素富，偶遇年荒，先捐租以为同邑之倡，又分谷以赈贫乏，夜闻鬼唱于门曰：「千不诓，万不诓；徐家秀才，做到了举人郎。」相续而呼，连夜不断。是岁，凤竹果举于乡，其父因而益积德，孳孳不怠，修桥修路，斋僧接众，凡有利益，无不尽心。后又闻鬼唱于门曰：「千不诓，万不诓；徐家举人，直做到都堂。」凤竹官终两浙巡抚。

嘉兴屠康僖公，初为刑部主事，宿狱中，细询诸囚情状，得无辜者若干人，公不自以为功，密疏其事，以白堂官。后朝审，堂官摘其语，以讯诸囚，无不服者，释冤抑十馀人。一时辇下咸颂尚书之明。

公复禀曰：「辇毂之下，尚多冤民，四海之广，兆民之众，岂无枉者？宜五年差一减刑官，核实而平反之。」

尚书为奏，允其议。时公亦差减刑之列，梦一神告之曰：「汝命无子，今减刑之议，深合天心，上帝赐汝三子，皆衣紫腰金。」是夕夫人有娠，后生应埙，应坤，应埈，皆显官。

嘉兴包凭，字信之，其父为池阳太守，生七子，凭最少，赘平湖袁氏，与吾父往来甚厚，博学高才，累举不第，留心二氏之学。一日东游泖湖，偶至一村寺中，见观音像，淋漓露立，即解橐中十金，授主僧，令修屋宇，僧告以功大银少，不能竣事；复取松布四疋，检箧中衣七件与之，内纻褶，系新置，其仆请已之。

凭曰：「但得圣像无恙，吾虽裸裎何伤？」

僧垂泪曰：「舍银及衣布，犹非难事。只此一点心，如何易得。」

后功完，拉老父同游，宿寺中。公梦伽蓝来谢曰：「汝子当享世禄矣。」后子汴，孙柽芳，皆登第，作显官。

嘉善支立之父，为刑房吏，有囚无辜陷重辟，意哀之，欲求其生。因语其妻曰：「支公嘉意，愧无以报，明日延之下乡，汝以身事之，彼或肯用意，则我可生也。」其妻泣而听命。及至，妻自出劝酒，具告以夫意。支不听，卒为尽力平反之。囚出狱，夫妻登门叩谢曰：「公如此厚德，晚世所稀，今无子，吾有弱女，送为箕帚妾，此则礼之可通者。」支为备礼而纳之，生立，弱冠中魁，官至翰林孔目，立生高，高生禄，皆贡为学博。禄生大纶，登第。

凡此十条，所行不同，同归于善而已。若复精而言之，则善有真，有假；有端，有曲；有阴，有阳；有是，有非；有偏，有正；有半，有满；有大，有小；有难，有易；皆当深辨。为善而不穷理，则自谓行持，岂知造孽，枉费苦心，无益也。

何谓真假？昔有儒生数辈，谒中峰和尚，问曰：「佛氏论善恶报应，如影随形。今某人善，而子孙不兴；某人恶，而家门隆盛；佛说无稽矣。」

中峰云：「凡情未涤，正眼未开，认善为恶，指恶为善，往往有之。不憾己之是非颠倒，而反怨天之报应有差乎？」

众曰：「善恶何致相反？」

中峰令试言。

一人谓「詈人殴人是恶；敬人礼人是善。」

中峰云：「未必然也。」

一人谓「贪财妄取是恶，廉洁有守是善。」

中峰云：「未必然也。」

众人历言其状，中峰皆谓不然。因请问。

中峰告之曰：「有益于人，是善；有益于己，是恶。有益于人，则殴人，詈人皆善也；有益于己，则敬人，礼人皆恶也。是故人之行善，利人者公，公则为真；利己者私，私则为假。又根心者真，袭迹者假；又无为而为者真，有为而为者假；皆当自考。」

何谓端曲？今人见谨愿之士，类称为善而取之；圣人则宁取狂狷。至于谨愿之士，虽一乡皆好，而必以为德之贼；是世人之善恶，分明与圣人相反。推此一端，种种取舍，无有不谬；天地鬼神之福善祸淫，皆与圣人同是非，而不与世俗同取舍。凡欲积善，决不可徇耳目，惟从心源隐微处，默默洗涤，纯是济世之心，则为端；苟有一毫媚世之心，即为曲；纯是爱人之心，则为端；有一毫愤世之心，即为曲；纯是敬人之心，则为端；有一毫玩世之心，即为曲；皆当细辨。

何谓阴阳？凡为善而人知之，则为阳善；为善而人不知，则为阴德。阴德，天报之；阳善，享世名。名，亦福也。名者，造物所忌；世之享盛名而实不副者，多有奇祸；人之无过咎而横被恶名者，子孙往往骤发，阴阳之际微矣哉。

何谓是非？鲁国之法，鲁人有赎人臣妾于诸侯，皆受金于府，子贡赎人而不受金。孔子闻而恶之曰：「赐失之矣。夫圣人举事，可以移风易俗，而教道可施于百姓，非独适己之行也。今鲁国富者寡而贫者众，受金则为不廉，何以相赎乎？自今以后，不复赎人于诸侯矣。」

子路拯人于溺，其人谢之以牛，子路受之。孔子喜曰：「自今鲁国多拯人于溺矣。」自俗眼观之，子贡不受金为优，子路之受牛为劣；孔子则取由而黜赐焉。乃知人之为善，不论现行而论流弊；不论一时而论久远；不论一身而论天下。现行虽善，其流足以害人；则似善而实非也；现行虽不善，而其流足以济人，则非善而实是也。然此就一节论之耳。他如非义之义，非礼之礼，非信之信，非慈之慈，皆当抉择。

何谓偏正？昔吕文懿公，初辞相位，归故里，海内仰之，如泰山北斗。有一乡人，醉而詈之，吕公不动，谓其仆曰：「醉者勿与较也。」闭门谢之。逾年，其人犯死刑入狱。吕公始悔之曰：「使当时稍与计较，送公家责治，可以小惩而大戒；吾当时只欲存心于厚，不谓养成其恶，以至于此。」此以善心而行恶事者也。

又有以恶心而行善事者。如某家大富，值岁荒，穷民白昼抢粟于市；告之县，县不理，穷民愈肆，遂私执而困辱之，众始定；不然，几乱矣。故善者为正，恶者为偏，人皆知之；其以善心行恶事者，正中偏也；以恶心而行善事者，偏中正也；不可不知也。

何谓半满？易曰：「善不积，不足以成名；恶不积，不足以灭身。」书曰：「商罪贯盈，如贮物于器。」勤而积之，则满；懈而不积，则不满。此一说也。

昔有某氏女入寺，欲施而无财，止有钱二文，捐而与之，主席者亲为忏悔；及后入宫富贵，携数千金入寺舍之，主僧惟令其徒回向而已。

因问曰：「吾前施钱二文，师亲为忏悔，今施数千金，而师不回向，何也？」

曰：「前者物虽薄，而施心甚真，非老僧亲忏，不足报德；今物虽厚，而施心不若前日之切，令人代忏足矣。」 此千金为半，而二文为满也。

钟离授丹于吕祖，点铁为金，可以济世。

吕问曰：「终变否？」

曰：「五百年后，当复本质。」

吕曰：「如此则害五百年后人矣，吾不愿为也。」

曰：「修仙要积三千功行，汝此一言，三千功行已满矣。」

此又一说也。

又为善而心不着善，则随所成就，皆得圆满。心着于善，虽终身勤励，止于半善而已。譬如以财济人，内不见己，外不见人，中不见所施之物，是谓三轮体空，是谓一心清净，则斗粟可以种无涯之福，一文可以消千劫之罪，倘此心未忘，虽黄金万镒，福不满也。此又一说也。

何谓大小？昔卫仲达为馆职，被摄至冥司，主者命吏呈善恶二录，比至，则恶录盈庭，其善录一轴，仅如箸而已。索秤称之，则盈庭者反轻，而如箸者反重。

仲达曰：「某年未四十，安得过恶如是多乎？」

曰：「一念不正即是，不待犯也。」

因问轴中所书何事？

曰：「朝廷尝兴大工，修三山石桥，君上疏谏之，此疏稿也。」

仲达曰：「某虽言，朝廷不从，于事无补，而能有如是之力。」

曰：「朝廷虽不从，君之一念，已在万民；向使听从，善力更大矣。」

故志在天下国家，则善虽少而大；苟在一身，虽多亦小。

何谓难易？先儒谓克己须从难克处克将去。夫子论为仁，亦曰先难。必如江西舒翁，舍二年仅得之束修，代偿官银，而全人夫妇；与邯郸张翁，舍十年所积之钱，代完赎银，而活人妻子，皆所谓难舍处能舍也。如镇江靳翁，虽年老无子，不忍以幼女为妾，而还之邻，此难忍处能忍也；故天降之福亦厚。凡有财有势者，其立德皆易，易而不为，是为自暴。贫贱作福皆难，难而能为，斯可贵耳。

随缘济众，其类至繁，约言其纲，大约有十：第一，与人为善；第二，爱敬存心；第三，成人之美；第四，劝人为善；第五，救人危急；第六，兴建大利；第七，舍财作福；第八，护持正法；第九，敬重尊长；第十，爱惜物命。

何谓与人为善？昔舜在雷泽，见渔者皆取深潭厚泽，而老弱则渔于急流浅滩之中，恻然哀之，往而渔焉；见争者皆匿其过而不谈，见有让者，则揄扬而取法之。期年，皆以深潭厚泽相让矣。夫以舜之明哲，岂不能出一言教众人哉？

乃不以言教而以身转之，此良工苦心也。

吾辈处末世，勿以己之长而盖人；勿以己之善而形人；勿以己之多能而困人。收敛才智，若无若虚；见人过失，且涵容而掩覆之。一则令其可改，一则令其有所顾忌而不敢纵，见人有微长可取，小善可录，翻然舍己而从之；且为艳称而广述之。凡日用间，发一言，行一事，全不为自己起念，全是为物立则；此大人天下为公之度也。

何谓爱敬存心？君子与小人，就形迹观，常易相混，惟一点存心处，则善恶悬绝，判然如黑白之相反。故曰：君子所以异于人者，以其存心也。君子所存之心，只是爱人敬人之心。盖人有亲疏贵贱，有智愚贤不肖；万品不齐，皆吾同胞，皆吾一体，孰非当敬爱者？爱敬众人，即是爱敬圣贤；能通众人之志，即是通圣贤之志。何者？圣贤之志，本欲斯世斯人，各得其所。吾合爱合敬，而安一世之人，即是为圣贤而安之也。

何谓成人之美？玉之在石，抵掷则瓦砾，追琢则圭璋；故凡见人行一善事，或其人志可取而资可进，皆须诱掖而成就之。或为之奖借，或为之维持；或为白其诬而分其谤；务使成立而后已。

大抵人各恶其非类，乡人之善者少，不善者多。善人在俗，亦难自立。且豪杰铮铮，不甚修形迹，多易指摘；故善事常易败，而善人常得谤；惟仁人长者，匡直而辅翼之，其功德最宏。

何谓劝人为善？生为人类，孰无良心？世路役役，最易没溺。凡与人相处，当方便提撕，开其迷惑。譬犹长夜大梦，而令之一觉；譬犹久陷烦恼，而拔之清凉，为惠最溥。韩愈云：「一时劝人以口，百世劝人以书。」较之与人为善，虽有形迹，然对证发药，时有奇效，不可废也；失言失人，当反吾智。

何谓救人危急？患难颠沛，人所时有。偶一遇之，当如痌瘝之在身，速为解救。或以一言伸其屈抑；或以多方济其颠连。崔子曰：「惠不在大，赴人之急可也。」盖仁人之言哉。

何谓兴建大利？小而一乡之内，大而一邑之中，凡有利益，最宜兴建；或开渠导水，或筑堤防患；或修桥梁，

以便行旅；或施茶饭，以济饥渴；随缘劝导，协力兴
修，勿避嫌疑，勿辞劳怨。

何谓舍财作福？释门万行，以布施为先。所谓布施者，
只是舍之一字耳。达者内舍六根，外舍六尘，一切所
有，无不舍者。苟非能然，先从财上布施。世人以衣食
为命，故财为最重。吾从而舍之，内以破吾之悭，外以
济人之急；始而勉强，终则泰然，最可以荡涤私情，祛
除执吝。

何谓护持正法？法者，万世生灵之眼目也。不有正法，
何以参赞天地？何以裁成万物？何以脱尘离缚？何以经
世出世？故凡见圣贤庙貌，经书典籍，皆当敬重而修饬
之。至于举扬正法，上报佛恩，尤当勉励。

何谓敬重尊长？家之父兄，国之君长，与凡年高，德
高，位高，识高者，皆当加意奉事。在家而奉侍父母，
使深爱婉容，柔声下气，习以成性，便是和气格天之
本。出而事君，行一事，毋谓君不知而自恣也。刑一
人，毋谓君不知而作威也。事君如天，古人格论，此等
处最关阴德。试看忠孝之家，子孙未有不绵远而昌盛
者，切须慎之。

何谓爱惜物命？凡人之所以为人者，惟此恻隐之心而
已；求仁者求此，积德者积此。周礼，「孟春之月，牺
牲毋用牝。」孟子谓君子远庖厨，所以全吾恻隐之心
也。故前辈有四不食之戒，谓闻杀不食，见杀不食，自
养者不食，专为我杀者不食。学者未能断肉，且当从此
戒之。

渐渐增进，慈心愈长，不特杀生当戒，蠢动含灵，皆为
物命。求丝煮茧，锄地杀虫，念衣食之由来，皆杀彼以

自活。故暴殄之孽，当与杀生等。至于手所误伤，足所误践者，不知其几，皆当委曲防之。古诗云：「爱鼠常留饭，怜蛾不点灯。」何其仁也！

善行无穷，不能殚述；由此十事而推广之，则万德可备矣。

第 04 章 谦德之效

易曰：「天道亏盈而益谦；地道变盈而流谦；鬼神害盈而福谦；人道恶盈而好谦。」是故谦之一卦，六爻皆吉。

书曰：「满招损，谦受益。」予屡同诸公应试，每见寒士将达，必有一段谦光可掬。

辛未（公元 1571 年）计偕，我嘉善同袍凡十人，惟丁敬宇宾，年最少，极其谦虚。

予告费锦坡曰：「此兄今年必第。」

费曰：「何以见之？」

予曰：「惟谦受福。兄看十人中，有恂恂款款，不敢先人，如敬宇者乎？有恭敬顺承，小心谦畏，如敬宇者乎？有受侮不答，闻谤不辩，如敬宇者乎？人能如此，即天地鬼神，犹将佑之，岂有不发者？」

及开榜，丁果中式。

丁丑（公元 1577 年）在京，与冯开之同处，见其虚己敛容，大变其幼年之习。李霁岩直谅益友，时面攻其非，但见其平怀顺受，未尝有一言相报。予告之曰：「福有福始，祸有祸先，此心果谦，天必相之，兄今年决第矣。」已而果然。

赵裕峰，光远，山东冠县人，童年举于乡，久不第。其父为嘉善三尹，随之任。慕钱明吾，而执文见之，明吾悉抹其文，赵不惟不怒，且心服而速改焉。明年，遂登第。

壬辰岁（公元 1592 年），予入觐，晤夏建所，见其人气虚意下，谦光逼人，归而告友人曰：「凡天将发斯人也，未发其福，先发其慧；此慧一发，则浮者自实，肆者自敛；建所温良若此，天启之矣。」及开榜，果中式。

江阴张畏岩，积学工文，有声艺林。甲午（公元 1594 年），南京乡试，寓一寺中，揭晓无名，大骂试官，以为眯目。时有一道者，在傍微笑，张遽移怒道者。道者曰：「相公文必不佳。」

张怒曰：「汝不见我文，乌知不佳？」

道者曰：「闻作文，贵心气和平，今听公骂詈，不平甚矣，文安得工？」

张不觉屈服，因就而请教焉。

道者曰：「中全要命；命不该中，文虽工，无益也。须自己做个转变。」

张曰：「既是命，如何转变？」

道者曰：「造命者天，立命者我；力行善事，广积阴德，何福不可求哉？」

张曰：「我贫士，何能为？」

道者曰：「善事阴功，皆由心造，常存此心，功德无量，且如谦虚一节，并不费钱，你如何不自反而骂试官乎？」

张由此折节自持，善日加修，德日加厚。丁酉（公元1597 年），梦至一高房，得试录一册，中多缺行。问旁人，曰：「此今科试录。」

问：「何多缺名？」

曰：「科第阴间三年一考较，须积德无咎者，方有名。如前所缺，皆系旧该中式，因新有薄行而去之者也。」

后指一行云：「汝三年来，持身颇慎，或当补此，幸自爱。」是科果中一百五名。

由此观之，举头三尺，决有神明；趋吉避凶，断然由我。须使我存心制行，毫不得罪于天地鬼神，而虚心屈己，使天地鬼神，时时怜我，方有受福之基。彼气盈者，必非远器，纵发亦无受用。稍有识见之士，必不忍自狭其量，而自拒其福也，况谦则受教有地，而取善无穷，尤修业者所必不可少者也。

古语云：「有志于功名者，必得功名；有志于富贵者，必得富贵。」人之有志，如树之有根，立定此志，须念念谦虚，尘尘方便，自然感动天地，而造福由我。今之求登科第者，初未尝有真志，不过一时意兴耳；兴到则求，兴阑则止。

孟子曰：「王之好乐甚，齐其庶几乎？」予于科名亦然。

了凡四训 白话文

第一篇：立命之学（白话文）

所谓'立命'，就是我要创造命运，而不是让命运来束缚我。本篇立命之学，就是讨论立命的学问，讲解立命的道理。袁了凡先生将自己所经历，所见到改造命运种种的考验，告诉他的儿子；要袁天启不被命运束缚住，并且应竭力行善，"勿以善小而不为"；也必须努力断恶，"勿以恶小而为之"；如此，则一定可以改变自己的命运，所谓"断恶修善"，"灾消福来"，这是改造命运的原理。

我童年的时候父亲就去逝了，母亲要我放弃学业，不要去考功名，改学医，并且说：学医可以赚钱养活生命，也可以救济别人。并且医术学得精，可以成为名医，这是你父亲从前的心愿。

后来我在慈云寺，碰到了一位老人，相貌非凡，一脸长须，看起来飘然若仙风道骨，我就很恭敬地向他行礼。这位老人向我说：你是官场中的人，明年就可以去参加考试，进学宫了，为何不读书呢？

我就把母亲叫我放弃读书去学医的缘故告诉他。并且请问老人的姓名，是那里人，家住何处；老人回答我说：我姓孔，是云南人，宋朝邵康节先生所精通的皇极数，我得到他的真传。照注定的数来讲，我应该把这个皇极数传给你。

因此，我就领了这位老人到我家，并将情形告诉母亲。母亲要我好好的待他。并且说：这位先生既然精通命数的道理，就请他替你推算推算，试试看，究竟灵不灵。

结果孔先生所推算的，虽然是很小的事情，但是都非常的灵验。我听了孔先生的话，就动了读书的念头，和我的表哥沈称商量。表哥说：我的好朋友郁海谷先生在沈友夫家里开馆，收学生读书。我送你去他那里寄宿读书，非常方便。于是我便拜了郁海谷先生为老师。孔先生有一次替我推算我命里所注定的数；他说：在你没有取得功名做童生时，县考应该考第十四名，府考应该考第七十一名，提学考应该考第九名。

到了明年，果然三处的考试，所考的名次和孔先生所推算的一样，完全相符。孔先生又替我推算终生的吉凶祸福。他说：那一年考取第几名，那一年应当补廪生，那一年应当做贡生，等到贡生出贡后，在某一年，应当选为四川省的一个县长，在做县长的任上三年半后，便该辞职回家乡。到了五十三岁那年八月十四日的丑时，就应该寿终正寝，可惜你命中没有儿子。

这些话我都一一的记录起来，并且牢记在心中。从此以后，凡是碰到考试，所考名次先后，都不出孔先生预先所算定的名次。唯独算我做廪生所应领的米，领到九十一石五斗的时候才能出贡。那里知道我吃到七十一石米的时候，学台屠宗师（学台：相当于现在的教育厅长）他就批准我，补了贡生。我私下就怀疑孔先生所推算的，有些不灵了。

后来果然被另外一位代理的学台杨宗师驳回，不准我补贡生。直到丁卯年，殷秋溟宗师看见我在考场中的'备选试卷'没有考中，替我可惜，并且慨叹道：这本卷子所做的五篇策，竟如同上给皇帝的奏折一样。像这样有大学问的读书人，怎么可以让他埋没到老呢？

于是他就吩咐县官，替我上公事到他那里，准我补了贡生，经过这番的波折，我又多吃了一段时间的廪米，算起来连前所吃的七十一石，恰好补足，总计是九十一石五斗。我因为受到了这番波折，就更相信：一个人的进退功名浮沉，都是命中注定。而走运的迟或早，也都有一定的时候，所以一切都看得淡，不去追求了。

等我当选了"贡生"，按照规定，要到北京的国家大学去读书。所以我在京城里住了一年。一天到晚，静坐不动，不说话，也不转动念头。凡是文字，一概都不看。到了己巳年，回到南京的国家大学读书，在没有进国家大学以前，先到栖霞山去拜见云谷禅师，他是一位得道的高僧。

我同禅师面对面，坐在一间禅房里，三天三夜，连眼睛都没有闭。云谷禅师问我说：凡是一个人，所以不能够成为圣人，只因为妄念，在心中不断地缠来缠去；而你静坐三天，我不曾看见你起一个妄念，这是什么缘故呢？

我说：我的命被孔先生算定了，何时生，何时死，何时得意，何时失意，都有个定数，没有办法改变。就是要胡思乱想得到什么好处，也是白想；所以就老实不想，心里也就没有什么妄念了。云谷禅师笑道：我本来认为你是一个了不得的豪杰，那里知道，你原来只是一个庸庸碌碌的凡夫俗子。

我听了之后不明白，便请问他此话怎讲？云谷禅师说道：一个平常人，不能说没有胡思乱想的那颗意识心；

既然有这一颗一刻不停的妄心在，那就要被阴阳气数束缚了；既被阴阳气数束缚，怎么可说没有数呢？虽说数一定有，但是只有平常人，才会被数所束缚住。若是一个极善的人，数就拘他不住了。

因为极善的人，尽管本来他的命数里注定吃苦；但是他做了极大的善事，这大善事的力量，就可以使他苦变成乐，贫贱短命，变成富贵长寿。

而极恶的人，数也拘他不住。因为极恶的人，尽管他本来命中注定要享福，但是他如果做了极大的恶事，这大恶事的力量，就可以使福变成祸，富贵长寿变成为贫贱短命。

你二十年来的命都被孔先生算定了，不曾把数转动一分一毫，反而被数把你给拘住了。一个人会被数拘住，就是凡夫，这样看来，你不是凡夫，是什么呢？

我问云谷禅师说：照你说来，究竟这个数，可以逃得过去么？禅师说：命由我自己造，福由我自己求；我造恶就自然折福；我修善，就自然得福。从前各种诗书中所说，实在是的的确确，明明白白的好教训。我们佛经里说：一个人要求富贵就得富贵，要求儿女就得儿女，要求长寿就得长寿。

只要做善事，命就拘他不住了。因为说谎是佛家的大戒，那有佛菩萨还会乱说假话，欺骗人的呢？

我听了以后，心里还是不明白，又进一步问说；孟子曾说：凡是求起来，就可以得到的，这是说在我心里可以做得到的事情。

若是不在我心里的事，那么怎能一定求得到呢？譬如说道德仁义，那全是在我心里的，我立志要做一个有道德仁义的人，自然我就成为一个有道德仁义的人，这是我可以尽力去求的。若是功名富贵，那是不在我心里头的，是在我身外的，要别人肯给我，我才可以得到。倘若旁人不肯给我，我就没法子得到，那么我要怎样才可以求到呢？云谷禅师说：孟子的话不错，但是你解释错了。你没看见六祖慧能大师说：所有各种的福田，都决定在各人的心里。福离不开心，心外没有福田可寻，所以种福种祸，全在自己的内心。只要从心里去求福，没有感应不到的！

能向自己心里去求，那就不只是心内的道德仁义，可以求得，就是身外的功名富贵，也可以求到，所以叫做内外双得。换句话说，为了种福田而求仁求义，求福，求禄，是必有所得的。

一个人命里若有功名富贵，就是不求，也会得到；若是命里没有功名富贵，就算是用尽了方法，也求不到的。

所以一个人，若不能自己检讨反省，而只是盲目地向外面追求名利福寿；但得到得不到，还是听天由命，自己毫无把握。这就合了孟子所说，求之有道，得之有命的两句话了。

要知道纵然得到，究竟还是命里本来就有的，并不是自己求的效验，所以可以求到的，才去求，求不到的，就不必去乱求。

倘若你一定要求，那不但身外的功名富贵求不到，而且因为过份的乱求，过份的贪得，为求而不择手段，那就把心里本来有的道德仁义，也都失掉了，那岂不是内外双失么？所以乱求是毫无益处的。

云谷禅师接著再问我说：孔先生算你终身的命运如何？

我就把孔先生算我，某年考的怎么样，某年有官做，几岁就要死的话详详细细的告诉他。云谷禅师说：你自己想想，你应该考得功名么？应该有儿子么？我反省过去所作所为，想了很久才说：我不应该考得功名，也不应该有儿子。因为有功名的人，大多有福相。

我的相薄，所以福也薄。又不能积功德积善行，成立厚福的根基。并且我不能忍耐，担当琐碎繁重的事情。别人有些不对的地方，也不能包容。因为我的性情急燥，肚量窄小。有时候我还自尊自大，把自己的才干、智力、去盖过别人。心里想怎样就怎么做，随便乱谈乱讲。像这样种种举动，都是薄福的相，怎么能考得功名呢！

喜欢干净，本是好事；但是不可过分，过分就成怪脾气了。所以说越是不清洁的地方，越会多生出东西来。相反地，很清洁的水反而养不住鱼。

我过分地喜欢清洁，就变得不近人情，这是我没有儿子的第一种缘故。

天地间，要靠温和的日光，和风细雨的滋润，才能生长万物。我常常生气发火，没有一点和育之气，怎么会生儿子呢？这是我没有儿子的第二种缘故。

仁爱，是生生的根本，若是心怀残忍，没有慈悲；就像果子一样，没有果仁，怎么会长出果树呢？所以说，忍是不会生养的根；我只知道爱惜自己的名节，不肯牺牲自己，去成全别人，积些功德，这是我没有儿子的第三种缘故。

说话太多容易伤气，我又多话，伤了气，因此身体很不好，那里会有儿子呢？这是我没有儿子的第四种缘故。

人全靠精气神三种才能活命；我爱喝酒，酒又容易消散精神；一个人精力不足，就算生了儿子，也是不长寿的，这是我没有儿子的第五种缘故。

一个人白天不该睡觉，晚上又不该不睡觉；我常喜欢整夜长坐，不肯睡，不晓得保养元气精神，这是我没有儿子的第六种缘故。其它还有许多的过失，说也说不完呢！云谷禅师说：岂只是功名不应该得到，恐怕不应该得的事情，还多著哩！

当知有福没福，都是由心造的。有智慧的人，晓得这都是自作自受；糊涂的人，就都推到命运头上去了。

譬如这个世上能够拥有千金产业的，一定是享有千金福报的人；能够拥有一百金产业的，一定是享有一百金福报的人；应该饿死的，一定是应该受饿死报应的人。比如说善人积德，上天就加多他应受的福。恶人造孽，上天就加多他应得的祸。上天不过就他本来的质地上，加重一些罢了，并没有一丝毫别的意思。

接下来这段是云谷禅师借俗人之见，来劝了凡先生努力积德行善。

就像生儿子，也是看下的种怎样，种下的很厚，结的果也厚。种下得薄，结的也薄。譬如一个人，积了一百代的功德，就一定有一百代的子孙，来保住他的福。积了十代的功德，就一定有十代的子孙，来保住他的福。积了三代或者两代的功德，就一定有三代或者两代的子孙，来保住他的福。至于那些只享了一代的福，到了下一代，就绝后的人；那是他功德极薄的缘故，恐怕他的罪孽，还积得不少哩！你既然知道自己的短处，那就应该把你一向不能得到功名，和没有儿子的种种福薄之相，尽心尽力改得干干净净。一定要积德，一定要对人和气慈悲，一定要替人包含一切，而且要爱惜自己的精神。

从前的一切一切，譬如昨日，已经死了；以后的一切一切，譬如今日，刚刚出生；能够做到这样，就是你重新再生了一个义理道德的生命了。我们这个血肉之躯，尚且还有一定的的数；而义理的、道德的生命，那有不能感动上天的道理？书经太甲篇上面说道：上天降给你的灾害，或者可以避开；而自己若是做了孽，就要受到报应，不能愉快心安地活在世间上了。

诗经上也讲：人应该时常想到自己的所作所为，合不合天道。很多福报，不用求，自然就会有了。因此，求祸求福，全在自己。

孔先生算你，不得功名，命中无子，虽然说是上天注定，但是还是可以改变。你只要将本来就有的道德天性，扩充起来，尽量多做一些善事，多积一些阴德，这是你自己所造的福，别人要抢也抢不去，那有可能享受不到呢？

易经上也有为一些宅心仁厚、有道德的人打算，要往吉祥的那一方去，要避开凶险的人，凶险的事，凶险的地方。

如果说命运是一定不能改变的，那末吉祥又何处可以趋，凶险又那里可以避免呢？易经开头第一章就说：经常行善的家庭，必定会有多余的福报，传给子孙；这个道理，你真的能够相信吗？

我相信云谷禅师的话，并且向他拜谢，接受他的指教；同时把从前所做的错事，所犯的罪恶，不论大小轻重，到佛前去，全部说出来；并且做了一篇文字，先祈求能得到功名，还发誓要做三千件的善事，来报答天地祖先生我的大恩大德。云谷禅师听我立誓要做三千件的善事，就拿了功过格给我看。叫我照著功过格所订的方法去做，所做的事，不论是善是恶，每天都要记在功过格上，善的事情就记在功格下面，恶的事情就记在过格下面。

不过做了恶事，还要看恶事的大小，把已经记的功来减除。并且还教我念准提咒，更加上了一重佛的力量，希望我所求的事，一定会有效应。云谷禅师又对我说：有一种画符籙的专家曾说：一个人如果不会画符，是会被鬼神耻笑的。

画符有一种秘密的方法传下来，只是不动念头罢了。当执笔画符的时候，不但不可以有不正的念头，就是正当的念头，也要一齐放下。把心打扫得干干净净，没有一丝杂念，因为有了一丝的念头，心就不清净了。到了念头不动，用笔在纸上点一点，这一点就叫混沌开基，因为完整的一道符，都是从这一点开始画起，所以这一点是符的根基所在。

从这一点开始一直到画完整个符，若没起一些别的念头，那么这道符，就很灵验。不但画符不可夹杂念头，凡是祷告上天，或者是改变命运，都要从没有妄念上去用工夫，这样才能感动上天。孟子讲立命的道理说道：短命和长寿没有分别。乍听之下会觉得奇怪？因为短命和长寿相反，而且完全不同，怎样说是一样呢？要晓得在一个妄念都完全没有时，就如同婴儿在胎胞里面的时候，那晓得短命和长寿的分别呢？

等到出了娘胎，渐渐有了知识，有了分别的心；这时，前生所造的种种善业恶业，都要受报应了，那也就有短命和长寿的分别了。

因此，命运是自己造的。如果把立命这两个字细分来讲，那末富和贫要看得没有两样，不可以富的仗著有钱有势，随便乱来，穷的也不可以自暴自弃去做坏事，尽管穷，仍然应该安分守己的做好人；能够这样，才可以把本来贫穷的命，改变成富贵的命。本来富贵的命，改变成更加富贵，或者是富贵得更长久。穷与通，要看得是没有两样，不发达的人，不可因为自己不得志，就不顾一切，随便荒唐；发达的人，也不可仗势欺人，造种种的罪业，越是得意，越是要为善去恶，广种福田。

能够这样，才可以把本来穷苦的命，改变成发达的命，本来发达的命，就会更加发达了。短命和长寿，要看得没有两样，不可说我短命；不久就死了，就趁还活著的时候，随便做恶事，糟蹋自己。要晓得既然已生成短命，就更加应该做好人，希望来生不要再短命，这一生或许也可以把寿命延长一些哦！

命中长寿的人，不要认为自己有得活，就拼命造孽，做奸犯科，犯邪淫。要晓得长寿得来不易，更应该做好人，才可以保住他的长寿呀。能够明白这种道理，才可以把本来短的命变成长寿，本来长寿的命，更加长寿健康。人生在这个世界上，只有这生与死的关系最为重大，所以短命同了长寿，就是最重大的事情。既然说到这最重大的短命同了长寿，那末此外一切顺境，富有和发达；逆境，贫穷和不发达，都可以包括在内了。

孟子讲立命的学问，只讲到短命和长寿，并没讲到富和贫，发达和不发达，就是这个道理。

接著云谷禅师又告诉我说：孟子所说的"修身以俟之"这句话，是说：自己要时时刻刻修养德行，不要做半点过失罪恶。至于命能不能改变，那是积德的事，求天的事。

说到修字，那么身上有一些些过失罪恶，就应该像治病一样，把过失罪恶要完全去掉。讲到俟，要等到修的功夫深了，命自然就会变好，不可以有一丝一毫的非份之想，也不可以让心里的念头乱起乱灭，都要完全把它斩掉断绝，能够做到这种地步，已经是达到先天不动念头的境界了。到了这种功夫，那就是世间受用的真正学问。

云谷禅师接著又说：平常时一般人的行为，都是根据念头转的，凡是有心而为的事，不能算是自然，不著痕迹。你现在还不能做到不动心的境界，你若能念准提咒，不必用心去记或数遍数，只要一直念下去，不要间断。念到极熟的时候，自然就会口里在念，自己不觉得在念，这叫做持中不持；在不念的时候，心里不觉的仍在念，这叫做不持中持；念咒能念到这样，那就我、咒、念打成了一片，自然不会有杂念进来，那末念的咒，也就没有不灵验的了。但是这种功夫，一定要透过实践，才能领会到的。

我起初的号叫做学海，但是自从那一天起就改号叫做了凡；因为我明白立命的道理，不愿意和凡夫一样。把凡夫的见解，完全扫光，所以叫做了凡。

从此以后，就整天小心谨慎，自己也觉得和从前大不相同。从前尽是糊涂随便，无拘无束；到了现在，自然有一种小心谨慎，战战兢兢戒慎恭敬的景象。

虽然是在暗室无人的地方，也常恐怕得罪天地鬼神。碰到讨厌我，毁谤我的，我也能够安然的接受，不与旁人计较争论了。从我见了云谷禅师的第二年，到礼部去考科举。孔先生算我的命，应该考第三名，那知道忽然考了第一名，孔先生的话开始不灵了。孔先生没算我会考中举人，那知道到了秋天乡试，我竟然考中了举人，这都不是我命里注定的，云谷禅师说：命运是可以改造的。这话我更加地相信了。

我虽然把过失改了许多，但是碰到应该做的事情，还是不能一心一意的去做，即使做了，依然觉得有些勉强，不太自然。自己检点反省，觉得过失仍然很多。

例如看见善，虽然肯做；但是还不能够大胆地向前拼命去做。或者是遇到救人时，心里面常怀疑惑，没有坚定的心去救人。自己虽然勉强做善事，但是常说犯过失的话。有时我在清醒的时候，还能把持住自己，但是酒醉后就放肆了。虽然常做善事，积些功德；但是过失也很多，拿功来抵过，恐怕还不够，光阴常是虚度。从己巳年听到云谷禅师的教训，发愿要做三千件的善事；直到己卯年，经过了十多年，才把三千件的善事做完。

在那个时候，我刚和李渐庵先生，从关外回来关内，没来得及把所做的三千件善事回向。到了庚辰年，我从北京回到了南方，方才请了性空、慧空、两位有道的大和尚，借东塔禅堂完成了这个回向的心愿。到这时候，我又起了求生儿子的心愿，也许下了三千件善事的大愿。到了辛巳年，生了你，取名叫天启。

我每做了一件善事，随时都用笔记下来；你母亲不会写字，每做一件善事，都用鹅毛管，印一个红圈在日历上，或是送食物给穷人，或买活的东西放生，都要记圈。有时一天多到十几个红圈呢！也就是代表一天做了十几件善事。

像这样到了癸未年的八月，三千条善事的愿，方才做满。又请了性空和尚等，在家里做回向。到那年的九月十三日，又起求中进士的愿，并且许下了做一万条善事的大愿。到了丙戌年，居然中了进士，吏部就补了我宝坻县县长的缺。我做宝坻县的县长时，准备了一本有空格的小册子，这本小册子，我叫它作治心篇。意思就是恐怕自己心起邪思歪念，因此，叫'治心'二字。

每天早晨起来，坐堂审案的时候，叫家里人拿这本治心篇交给看门的人，放在办公桌上。每天所做的善事恶事，虽然极小，也一定要记在治心篇上。到了晚上，在庭院中摆了桌子，换了官服，仿照宋朝的铁面御史赵阅道，焚香祷告天帝，天天都是如此。你母亲见我所做的善事不多，常常皱著眉头向我说：我从前在家，帮你做善事，所以你所许下三千件善事的心愿，能够做完。现在你许了做一万件善事的心愿，在衙门里没什么善事可做，那要等到什么时候，才能做完呢？

在你母亲说过这番话之后，晚上睡觉我偶然做了一个梦，看到一位天神。我就将一万件善事不易做完的缘故，告诉了天神，天神说：'只是你当县长减钱粮这件事，你的一万件善事，已经足够抵充圆满了。'

原来宝坻县的田，每亩本来要收银两分三厘七毫，我觉得百姓钱出得太多，所以就把全县的田清理一遍；每亩田应缴的钱粮，减到了一分四厘六毫，这件事情确实是有的；但也觉得奇怪，怎么这事会被天神知道，并且还疑惑，只有这件事情，就可以抵得了一万件善事呢？

那时候恰好幻余禅师从五台山来到宝坻，我就把梦告诉了禅师，并问禅师，这件事可以相信吗？幻余禅师说：做善事要存心真诚恳切，不可虚情假意，企图回报。那末就是只有一件善事，也可以抵得过一万件善事了。况且你减轻全县的钱粮，全县的农民都得到你减税的恩惠，千万的人民因此减轻了重税的痛苦，而获福不少呢！

我听了禅师的话，就立刻把我所得的俸银薪水捐出来，请禅师在五台山替我斋僧一万人，并且把斋僧的功德来回向。

孔先生算我的命，到五十三岁时，应该有灾难。我虽然没祈天求寿，五十三岁那年，我竟然一点病痛都没有。现在已经六十九岁了（多活了十六年）。书经上说：天道是不容易相信的，人的命，是没一定的。又说：人的命没有一定，是要靠自己创造的。

这些话，一点都不假。我由此方知，凡是讲人的祸福，都是自己求来的，这些话实在是圣贤人的话；若是说祸福，都是天所注定的，那是世上庸俗的人所讲的。

你的命，不知究竟怎样？就算命中应该荣华发达，还是要常常当作不得意想。就算碰到顺当吉利的时候，还是要常常当作不称心，不如意来想。就算眼前有吃有穿，还是要当作没钱用，没有房子住想。就算旁人喜欢你，敬重你，还是要常常小心谨慎，做恐惧想。就算你家世代有大声名，人人都看重，还是要常常当做卑微想。就算你学问高深，还是要常常当做粗浅想。

这六种想法，是从反面来看问题，能够这样虚心，道德自然会增进，福报也自然会增加。

讲到远，应该要想把祖先的德气，传扬开来；讲到近，应当想父母若有过失，要替他们遮盖起来；这里即是说明孟子的'父为子隐，子为父隐'的大义所在；讲到向上，应该要想报答国家的恩惠；讲到对下，应该要想造一家的福；说到对外，应该要想救济别人的急难；说到对内，应该要想预防自己的邪念和邪想。

这六种想法，都是从正面来肯定问题，能够常常如此的存心，必然能成为正人君子。

一个人必须要每天知道自己有过失，才能天天改过，若是一天不知道自己的过失，就一天安安逸逸的算自己没过失。如果每天都无过可改，就是每天都没有进步；天底下聪明俊秀的人实在不少，然而他们道德上不肯用功去修，事业不能用功去做；就只为了因循两个字，得过且过，不想前进，所以才耽搁了他们的一生。

云谷禅师所教立命的许多话，实在是最精，最深，最真，最正的道理，希望你要细细的研究，还要尽心尽力的去做，千万不可把大好的光阴虚度过。

第二篇：改过之法（白话文）

人，既然不是生下来就是圣人，那里能没有过失呢？孔子说：'过则勿惮改。'

只要有了过失，就不可以怕改。所以袁了凡先生在讲过改造命运的道理方法后，就接著把改过的方法，详细地说出来，教训他的儿子袁天启。这第二篇就是讲改过的方法。小的过失，尚且要改；那末大的罪孽，自然就不会再造了。

在春秋时代，当时各国的高级官吏，常常要从一个人的言语、行为、去加以判断；就可以猜想到这个人可能遭遇到的吉凶祸福，并且没有不灵验的。这可以在左传和国语这几种书上看得到的。大凡吉祥和凶险的预兆，都在心里发出根苗反应出来，虽然根苗是由心里发出来的，但是会表现到全身的四肢上，譬如一个人很厚道，那么他的全身四肢都会显得稳重。一个人刻薄，那么他的全身四肢都会显得轻佻。

一个人凡是偏在厚道的，一定时常得福；偏在刻薄的，一定时常近祸。一般人没有见识，眼光像被一层膜给遮住了，甚么都看不到；就说祸福没有一定，而且是无法预测的。

一个人能够做到极诚实，毫无半点虚假，这个人的心就可以与天心相合了，因此；能够用诚心处人处事，福祸就会自然降临。所以观察一个人，只要看他的行为，都是善的，就可以预知他的福，就会来了。

相反的，观察一个人，只要看他的行为，都是不善的，就可以预知他的祸，就要来了。人若是要得福，要远离灾祸；在没有讲到做善事前，先要把自己的过失改掉。

但改过的方法，第一要发'羞耻心'。想想古时候的圣贤，和我一样，都是男子汉、大丈夫，为什么他们可以流芳百世，大家还要以他们做为师表榜样；而我为什么这一生就搞得身败名裂呢？

这都是因为自己过份贪图享乐，受到种种坏环境的污染，偷偷做出种种不应该做的事，自己还以为旁人不知道，目无国法，毫无惭愧之心；就这样天天的沉沦下去，同禽兽一样了，自己却还不知道。

世界上，令人可羞可耻的事情，没有比这个更大的了。孟子说：一个人最大的，最要紧的事情就是这个耻字。为什么呢？因为晓得这个耻字，就会把自己的过失尽量改掉，就可以成为圣贤；若不晓得这个耻字，就会放肆乱来失掉人格，便和禽兽相同了。

这些话都是改过的真正秘诀。改过的第二个方法，是要发戒慎恐惧的心。要知道天地鬼神，都在我们的头上。

鬼神和我们不一样，它们什么都看得到，所以鬼神是不容易被欺骗的。我虽然在大家看不到的地方犯错，但是天地鬼神，实际上就像镜子那样的照着我，把我的过失罪恶照得清清楚楚。过失重的，就有种种的灾祸，降到我的身上来；就算过失轻的，也要减损我现在的福报，我怎么能够不怕呢？

不只是像前面所说的而已。就是在自己家里空闲的地方；但神明的监察，仍然是非常的厉害，非常的清楚。

我虽然把过失遮盖得十分秘密，掩饰得十分巧妙；但是在神明看来，我的肺肝，早被看透，马脚全露出来了。

到最后还是没有办法欺骗自己，若是被旁人看破，这个人就一文不值了。又怎么可以不时常存著一颗戒慎恐惧的心呢？

这还不只像上面所说的种种呢！一个人只要一口气还在，就算是犯下滔天的罪过，还是可以忏悔改过的。

古时候有个人，作了一辈子的恶事；到他快死的时候，忽然悔悟，发了一个很大的善念，就立刻得到好死。

这就是说，人若是在紧要关头能够转一个非常痛切又勇猛的善念，便可以把百年所积的罪恶洗干净。譬如千年黑暗的山谷，只要有一盏灯照了进去；光到之处，就可以把千年来的黑暗，完全除去了。所以过失不论长久，或者是新犯的；只要能改，就是了不起。

虽然有过失只要改过就好，但是绝对不可以认为犯过可以改，就是常常犯也不要紧，这是万万不可以的。如果是这样，就是有心犯过，罪就更加重了。

并且在这个不清净的世间，是幻灭无常的，我们这个血肉之身，是非常容易死的；只要一口气喘不过来，这个身体，就不是我的了；到那个时候就是想要改，也没法子改了。并且人死了后，什么都带不去；只有这个孽，是一定跟去的。

因此，明的报应，在阳间你要承担千百年的恶名；虽然你有孝顺的儿子，和可爱的孙子，也不能替你洗清恶名；暗的报应，在阴间，还要千百劫的时间，沉沦在地狱受无量无边的大苦。虽然碰到圣人，贤人，佛菩萨也不能救助你，接引你，这样怎么能不怕呢？

第三，一定要发一直向前的勇猛心。一个人之所以有了过失还不肯改，都是因为得过且过，不能振作奋发，堕落退后的缘故。

要知道若是要改过，一定要起劲用力，当下就改，绝对不能够拖延疑惑，也不可以今天等明天，明天等后天，一直拖下去。小的过失，像尖刺戳在肉里，要赶紧挑掉拔掉。大的过失，像毒蛇咬到手指头一样的厉害，要赶紧切掉手指头，不可有丝毫的犹疑延迟的念头；否则蛇毒在身中散开，人就会死。就像易经中的益卦所讲，风起雷动，万物都生长起来，利益是这样的大。这是比喻人若能够改过迁善，其利益是最大的。

一个人改过，如果能具备以上所说的羞耻心，敬畏心，勇猛心这三种心，那么就能有过立刻改了，就像春天的薄冰，碰到太阳光一样，还怕不融化吗？但要改过，有三种方法。一种是从事实上改，一种是从道理上改，一种是从心念上改。

因为用这三种不同的功夫，所以得到的效验，也自然不会一样。现在先从事实上改的这一句，来加以说明。

譬如前天杀了活的东西，今天起禁止不再杀了。前天发了火骂人，今天起禁止不再发火了。这种就是在事情的本身来改错，禁止不再犯的方法。但是勉强压住，不再犯，比自然而然的改，要难百倍。并且这犯过的病根没有去掉，仍在心里。虽然一时勉强压住，终究还是要露出来的，就像东边把它灭了，西边又会冒出来一样，这究竟不是彻底拔除干净的改过方法。

我再把从理上改过的方法加以说明；肯努力改过的人，在他没有禁止做这件事之前，先要明白这事不能做的道理；譬如一个人，所犯的过失在杀生；那么他先应该想到：上天有好生之德，凡是有生命的，都会爱惜生命而且怕死。杀它的生命，来养我的身体，自问心能安吗？而且有些东西，虽已被杀，但是还没有完全死，像鱼和毛蟹之类。在半死半活的时候放进锅子里烧，这样的痛苦，一直要透到骨髓里；你看罪过不罪过呢？而供养自己，就要用各种贵重的，味道好的东西，摆满了一桌。虽然这样地讲究，但是一经吃过，便成渣滓，什么都没有了。要晓得人吃蔬菜素食素汤等等，也吃得饱啊！何必一定要去伤害生命，造杀生的罪孽，减少自己的福报呢？

又想，凡是有血气有生命的东西，都有灵性知觉，既然都有灵性知觉，那么和我都是一样的了，就算是自己不能修到道德极高的地步，使他们都来尊重我，亲近我，像古时候的圣人大舜，还在他种田的时候就有象替他犁田，鸟帮他拔草。又怎能天天伤害生命，使它们与我结仇，恨我到永无尽期呢？能想到这些，那就会面对桌上有血肉，有生命的菜肴，自然觉得伤心而不能下咽了。譬如像前天喜欢发怒，应该想到：人各有各的长处，也各有各的短处；碰到他人短处的地方，按照情理，应该要哀怜他的苦恼，原谅他的短处；若是有人不讲道理冒犯了我，那是错在他，与我有什么关系呢？本来就没什么怒可以发的呀！又想到：天下，绝对没有自以为什么错都没有的英雄豪杰，因为一个人自以为了不起，那是最笨的人。天下也绝对没有怨恨旁人的学问；因为人若是真正有学问，就会更加谦虚；而且能严以责己，宽以待人，那里会怨恨别人呢？所以怨恨别人的人，定无学问。

因此，一个人做事处处不能称心，都是因为自己的道德没修好，功德没修满，感动人的心不够呀！应该都要反过来自我反省检讨。自己有没有对不起他人的地方？

能够这样的存心用功，那么别人毁谤我，反而变成磨炼我，成就我反面的教育场所了。我应该欢欢喜喜地接受别人给我的教训、批评，还有什么怨恨呢？

还有，听到别人说我坏话而能够不生气，尽管坏话说得很厉害，像火光薰天，也不过是像拿火去烧空中，虚空中无物可烧；而火却是终归要熄灭的。若是听到别人说坏话，你就生气；虽然你用尽心思，尽力去辩，结果却像春天的蚕吐丝，把自己束缚住一样；这就是所谓的作茧自缚，自讨苦吃。所以生气不但是无益处，并且还是有害的。

这都是说生气的后果。至于其它种种的过失和罪恶，也都应该依道理，细细去想，像上边所说的种种道理能够明白，那就自然而然地不会犯过失了。怎样叫做从心上改过呢？人的过失，有千千万万种那么多，都是从心上造出来的，我的心不动，就什么事情都不会造出来，那么过失还会从何处生出来呢？凡是读书人，或是喜欢女色，或是喜欢名声，或是喜欢财物，或是喜欢发火；像这样种种的过失，不必要一类一类的去寻求灭过的方法；只要一心一意地发善心，做善事，正的念头出现在前；那末邪的念头，自然就污染不上了。

譬如亮热的太阳当空而照，所有的妖怪，自然会逃避消失了；这就是最精纯而唯一的修心补过的真正诀窍啊！须知道过失全部是由这颗心造的，因此也应该由这颗心上来改；正好像斩除毒树一样，要斩就斩得干净俐落，连根铲除，才不会再长出来；那又何必要一枝一枝的剪，一叶一叶的摘呢？

改过最上最高的方法，还是修心。能修心，就可使心立刻清净。因为犯过失，都是心上动了种种坏念头的缘故。能修心，那末坏念头一动，就自己发觉。自己能发觉，就立刻把心停住不动；心不动，那么坏念头便消失，也就不会再犯了。若是再不能够这样，那么一定要明白，所犯过失的理由，把这种犯过的念头去掉。若是再不能够这样，那么只好碰到犯过时，用勉强压住的方法，来禁止不犯。如果用修心的上等功夫，和明白不可犯过的道理，用打发它去的下等功夫，以及碰到犯过用强压方法禁止的下等功夫；这上下两等的功夫，同时用，也不一定就失算呀！若是坚持只用下等功夫，反而把修心的上等功夫忽略不用，那就是最笨不过的了。

但是发愿改过，也要有助力；明里头，要有真正的益友在你糊涂的时候时常来提醒你；暗里头，要有鬼神替你证明；（像我把自己所犯的过失，做了篇疏文，上告天地鬼神那样。）还要一心一意的虔诚忏悔，从早到晚，从日到夜，绝不放松；像我这样忏悔经过一个七天，两个七天；直到一个月，两个月，三个月....这样忏悔下去，一定会有效验的！

上面所说忏悔过恶的效验是什么呢？譬如你或许觉得精神上很舒服，心中很宽闲；或觉得以往很笨，忽然智慧大开；或是虽然处在烦忙纷乱之际，心中仍清清朗朗，无所不通；或碰到怨家仇人，而能全把恨心火气消除，而心生欢喜；或是在梦里，感觉吐出黑的东西来；这是种种邪念邪思，积成的一种秽气，梦里吐出，那么心地就清净多了。或是梦到古时候的圣贤来提拔我，牵引我，或是梦见自己会飞到虚空中去，逍遥自在；或是梦见各种彩旗以及装饰珍宝的伞盖，这种种少有少见的事情，都是过失消除罪孽灭去的好征兆。但是也不能因为碰到这些好征兆。就自己以为了不起，而阻断了再上进，再努力的途径。

从前春秋时代卫国的贤大夫蘧伯玉在二十岁的时候，已经能时时反醒自己过去的过失，加以检讨，完全改掉了。到了二十一岁的时候，又觉得从前所改的过失，并不彻底；到了二十二岁，再回忆二十一岁时，还像在梦中一般，像这样一年一年的过去，一年一年的逐步改过；直到五十岁那年，还觉得过去的四十九年，都是有过失的。古人对于改过的学问讲究就是像这样的。

我们都是平凡人，过失罪恶，就像刺猬身上的刺一样，聚集了满身都是。而回想过去的事，常常像看不到自己有甚么过失，这实在都是因为粗心，不知道自我反省。又像眼睛上长了翳，看不到自己天天在那里犯过呀！但是，一个人的过失，罪恶深重到了相当的地步，也有证据可以看出来；或者是心思混乱塞住，精神萎靡不振，随便甚么事转头就忘记了；或者是不值得烦恼的事，也常常感觉非常的烦恼；或者是见到品德高尚的君子，便觉得难为情，垂头丧气；或者是听到光明正大的道理，反倒觉得不欢喜；或者是有恩惠给别人，对方不领情反而怨恨你；或者是夜里都做些颠颠倒倒的坏梦，甚至语无伦次失掉平常的模样；像这样种种不正常的现象，都是作孽的表现啊！

假使你有上边所说的那种情形，就应该即刻提起精神，奋发向上，把旧的种种过失一齐改掉；而另外开辟一条新的人生大道，希望你千万不可自己耽误自己啊！

第三篇：积善之方（白话文）

上一篇所讲，改过的种种方法，能够把今生的过失改掉，自然好命就不会变成坏命了；但是还不能把坏命变成好命。因为这一生虽然不犯过失 造罪孽，但是前世有没有犯过失，造罪孽，却不知道，若是前世已经犯，这一世虽然不再犯；但是前世所犯的罪过，还是要受报应。那么要怎 么样做才能使坏命转成好命呢？这不但要改过，还要积善、积德，才可以把前世所造的罪孽消去。善事积多了，自然能转坏命成好命，并且可 以证明它的效验！

易经上说：积善的家庭，一定会有很多福份喜庆的事。例如，从前姓严的人家，要把他的女儿，许配给孔子的父亲；就将孔家所作的事情，一 件一件都提出来；觉得孔家祖先所积的德，多而且长久；所以预知孔家的子孙，将来必定会大发。后来果然生出了孔子。还有，孔子称赞舜的 孝，是不平凡的孝顺，孔子说：像舜这样的大孝，不但祖先要享受他的祭祀；并且他的世世代代子孙可以保住他的福德，不会败落。春秋时代 的陈国，就是舜传下来的子孙，足以证明舜的后代兴发得相当长久。这都是非常确实的说法啊！

现在我再以过去发生真实的事情，来证明积善的功德。有一位做过少师的人，姓杨名荣，是福建省建宁人。他家世代是以摆渡为生。有一次， 雨下得太久，溪水满涨，水势汹涌横冲直撞，把民房都冲失了，被淹死的人顺著水势一直流下来。别的船都去捞取水中漂来的各种财货，只有 少师的曾祖父和祖父，专门去救水里漂来的灾民，而财物一件都不捞，乡人都偷笑他们是傻瓜。等到少师的父亲出生后，家道也渐渐的宽裕了 。有一位神

仙化做道士的模样，向少师的父亲说：你的祖父和父
亲，都积了许多阴功，所生的子孙应该发达做大官。可
以将你的父亲葬在某一 个地方。少师的父亲听了，就照
道士所指定的地方，把他的祖父和父亲葬下。这座坟，
就是现在大家所知道的白兔坟。后来少师出生了，到了
二十岁就中了进士。一直做官，做到三公里面的少师。
皇帝还追封他的曾祖父、祖父、父亲，与少师一样的官
位。而且少师的后代子孙，都非 常兴旺，一直到现在还
有许多贤能之士。

浙江宁波人杨自惩，起初在县衙做书办，心地非常厚
道；而且守法公平，做事公正；当时的县官，为人严厉
方正，有一次偶然打了一个囚犯， 一直打到血流到地
上，县官还是不息怒；杨自惩就跪下，替囚犯向县官求
情，请县官宽谅那个囚犯。县官说：你求情本来没有什
么不能放宽的 ，但是这个囚犯，不守法律，违背道理，
不能教人不生气啊！

杨自惩一边叩头一边说：在朝廷中已经没有是非可言
了，政治一片黑暗、贪污、腐败，人心散失已经很久
了，审问案件若是审出实情，尚且应 该替他们伤心，可
怜他们不明事理，误蹈法网，不可以因为审出了案情，
就欢喜。若是存心欢喜，恐怕会把案件忽略弄错。若是
生气，又恐怕 犯人受不住打，勉强招认，容易冤枉人。
既然欢喜尚且不可，又怎么可以发火呢？

那县官听了杨自惩的话，非常感动，面容立即和缓下
来，不再发怒了！讲到杨自惩的家里，是很穷的；但是
他虽然穷，别人送他东西，他一概 不肯接受。碰到囚犯
缺粮，他却常用许多方法去弄一些米来，救济他们。有
一天来了几个新的囚犯，没有东西吃，非常的饿，他自
己家里刚巧 也欠米。若是拿来给囚犯吃，那么自己家人
就没得吃了。如果只顾自己吃，那么囚犯又饿得很可

怜，没有办法，便同他的妻子商量。他的妻子 问他说：犯人从什么地方来的？从杭州来的。沿途熬饿，脸上饿得没有一点血色；就像一种又青又黄的菜色，几乎可以用手捧起来。

因此，两夫妇就把自己所存的一些米，用来煮稀饭给新来的囚犯吃。然后他们生了两个儿子，大的叫做守陈，小的叫做守址，作官一直做到南 北吏部侍郎。大孙子做到刑部侍郎。小孙子也做到四川按察使。两个儿子，两个孙子，都是名臣；而当今有两个名人楚亭和德政，都是杨自惩 的后代。

从前明朝英宗正统年间，有一个土匪首领叫作邓茂七，在福建一带造反。福建的读书人和老百姓，跟随他一起造反的很多。皇帝就起用曾经担 任都御使的鄞县人张楷，去搜剿他们。张都宪用计策把邓茂七捉住了。后来张都宪又派了福建布政司的一位谢都事，去搜查捉拿剩下来的土匪 ，捉到就杀；但是谢都事不肯乱杀，怕杀错人。便向各处寻找依附贼党的名册，查出来凡是没有依附贼党，名册里还没有他们姓名的人。就暗 中给他们一面白布小旗，约定他们，搜查贼党的官兵到的那一天，把这面白布小旗插在自己家门口，表示是清白的民家，并且禁止官兵不准乱 杀。因为有这种措施而避免被杀的人，大约有一万人之多。后来谢都事的儿子谢迁，就中了状元，官做到宰相。而且他的孙子谢丕，也中了探花，就是第三名的进士。

在福建省浦田县的林家，他们的上辈中，有一位老太太喜欢做善事，时常用米粉做粉团给穷人吃。只要有人向她要，她就立刻给，脸上没有表 现出一点厌烦的样子。有一位仙人，变作道士，每天早晨向她讨六、七个粉团。老太太每天给他，一连三年，每天都是这样的布施，没有厌倦 过，仙人晓得她作善事的诚心，就向她说：我吃了你三年的粉团，要怎样报答你呢？这样吧，你家后面有一块地，若是你死后葬在这块地上，将来子孙有官爵的，就会像一升麻子那样的多。

后来老太太去世了，她的儿子依照仙人的指示，把老太太安葬下去。林家的子孙第一代发科甲的，就有九人。后来世世代代，做大官的人非常多。因此，福建省竟有一句：'如果没有姓林的人去赴考，就不能发榜。'的传言。意思是讲：林家考试的人多，并且都能考中，所以到发榜，榜上就不会没有姓林的人。表示林家有功名的人很多。

冯琢庵太史的父亲，当他在县学里做秀才的时候，有一个非常寒冷的冬天清早，在要去县学的路上，碰到一个人倒在雪地里，用手摸摸看，已经几乎快要冻死了。冯老先生马上就把自己穿的皮袍，脱下来替他穿上；并且还扶他到家里，把他救醒。冯老先生救人后，就做了一个梦，梦中见到一位天神告诉他说：你救人一命，是完全出自一片至诚的心来救的，所以我要派韩琦投生到你家，做你的儿子。等到后来琢庵生了，就命名叫作冯琦。因为他是宋朝一个文武全才的贤能宰相，叫作韩琦的人来投胎转世的。

浙江台州有一个应大猷尚书，壮年的时候在山中读书，夜里头，鬼常聚在一起做鬼叫，来吓唬人，只有应公不怕鬼叫。有一夜，应公听到一个鬼说：有一个妇人，因为丈夫出远门作客，好久没回来，她的公婆判断儿子可能已经死了，所以就逼这个妇人改嫁；但是这个妇人却是要守节，不肯改嫁。所以明天夜里，她要在这里上吊，我可以找到一个替身了。凡是上吊或者是淹死的人，如果没有替身，便无法投生，所以叫替死鬼。

应公听到这些话，动了救人的心，偷偷的把自己的田，

卖了四两银子，还马上写了一封假托她丈夫的信；并把
银子寄回家的事写在信上说明。 这位出外人的父母看了
信以后，因为笔迹不像，所以怀疑信是假的。但是后来
他们又说：信是可以假的，但是银子不能假呀！一定是
儿子很平 安，才会把银子寄回来。

他们这样想以后，就不再逼媳妇去改嫁了。后来他们的
儿子回来了，这对夫妇就得以保全，像从前新婚时一
样，好好的过日子了。隔天晚上， 应公又听到那个鬼
说：我本来可以找到替身了，那知道被这个秀才坏了我
的事啊。

旁边一个鬼说：喂！你为什么不去害死他呢？

那个鬼说：天帝因为这个人心好，有阴德，已经派他去
做阴德尚书了，我怎么还能害他呢？

应公听了这两个鬼所讲的话以后，就更加努力，更加发
心，善事一天一天去做，功德也一天一天的增加；碰到
荒年的时候，每次都捐米谷救人 ；碰到亲戚有急难，他
一定想尽办法帮助人家渡过难关；碰到蛮不讲理的人，
或不如意的事，总会反省，责备自己有过失，就心平气
和地接受 事实。因为应公能够这样做人，所以他的子孙
得到功名，官位的，一直到现在还是很多哩！

江苏省常熟县有一位徐凤竹先生，他的父亲本来就很富
有。偶然碰到了荒年，就先把他应收的田租，完全捐
掉，做为全县有田的人的榜样。同 时又分他自己原有的
稻谷，去救济穷人。有一天夜里，他听到有一群鬼在门
口唱道：千也不说谎，万也不说谎，徐家秀才，快要做
到了举人！

那些鬼连续不断的呼叫，夜夜不停。这一年，徐凤竹去

参加乡试，果然考中了举人。他的父亲因此更加高兴，努力不倦地做善事，积功德；同 时又修桥铺路，施斋饭供养出家人；碰到缺米缺衣的人，也接济他们；凡是对别人有好处的事情，无不尽心的去做。后来他又听到鬼在门前唱 道：千也不说谎，万也不说谎，徐家举人，做官直做到都堂！结果徐凤竹，官做到了两浙的巡抚。

浙江省嘉兴县有一位姓屠，名叫康僖的人，起初在刑部里做主事的官，夜里就住在监狱里。并且仔细的盘问囚犯，结果发现没罪而被冤枉的， 有不少人；但是屠公并不觉得自己有功劳，他秘密地把这件事，上公文告诉了刑部堂官。

后来到了秋审的时候，刑部堂官，把屠公所提供的话，拣些要点，来审问那些囚犯。囚犯们都老老实实的向堂官供认，没有一个不心服的。因 此，堂官就把原来冤枉的，因为受刑不住被逼招认的，释放了十多人。

那个时候京里的百姓，都称赞刑部尚书明察秋毫。后来屠公又向堂官上了一份公文说：在天子脚下，尚且有那么多被冤枉的人；那么全国这样 大的地方，千千万万的百姓，那会没有被冤枉的人呢？所以应该每五年再派一位减刑官，到各省去细查囚犯犯罪的实情，确实有罪的， 定罪也 要公平；若是冤枉的，应该翻案重审，减轻或者释放。

尚书就代为上奏皇帝，皇帝也准了他所建议的办法；就派减刑官，到各省去查察，刚巧屠公也派在内。有一天晚上屠公梦见天神告诉他说：你 命里本来没有儿子，但是因为你提出减刑的建议，正与天心相合；所以上帝赐给你三个儿子，将来都可以做大官；穿紫色的袍，束金镶的带。 这天晚上，屠公的夫人就有了身孕；后来生下了应埙、应坤、应竣三个儿子，果然都作了高官。

有一位嘉兴人，姓包，名叫凭，号信之。他的父亲做过
安徽池州府的太守。生了七个儿子，包凭是最小的。他
被平湖县姓袁的人家，招赘做女 婿；和我父亲常常来
往，交情很深。他的学问广博，才气很高，但是每次考
试都考不中。因此他对佛教、道教的学问，很注意研
究。

有一天，他向东去卯湖游玩，偶然到了一处乡村的佛寺
里，因为寺内房屋坏了，看见观世音菩萨的圣像，露天
而立，被雨淋得很湿。当时就打 开他的袋子，有十两银
子，就拿给这寺里的住持和尚，叫他修理寺院房屋。和
尚告诉他说：修寺的工程大，银子少，不够用，没法完
工。

因此，他又拿了松江出产的布四匹，再捡竹箱里的七件
衣服给和尚。这七件衣服里，有用麻织的料做的夹衣，
是新做的；他的佣人要他不要再 送了，但是包凭说：只
要观世音菩萨的圣像，能够安好，不被雨淋，我就是赤
身露体又有甚么关系呢？和尚听后流著眼泪说：施送银
两和衣服 布匹，还不是件难事，只是这一点诚心，怎么
容易得到呀！

后来房屋修好了，包凭就拉著他父亲同游这座佛寺，并
且住在寺中。那天晚上，包凭做了一个梦，梦到寺里的
护法神，来谢他说：你做了这些 功德，你的儿子可以世
世代代享受官禄了。后来他的儿子包汴，孙子包柽芳，
都中了进士，做到高官。

浙江省嘉善县有一个叫做支立的人，他的父亲，在县衙
中的刑房当书办。有一个因犯，因为被人冤枉陷害，判
了死罪；支书办很可怜他，想要 替他向上面的长官求
情，宽免他不死。那个因犯晓得支书办的好意之后，告
诉他的妻子说：支公的好意，我觉得很惭愧，没法子报

答；明天请 他到乡下来，你就嫁给他，他或者会感念这
份情份，那么我就可能有活命的机会了。

他的妻子听了之后，没别的办法，所以就边哭边答应
了。到了明天，支书办到了乡下，囚犯的妻子就自己出
来劝支书办喝酒，并且把他丈夫的 意思，完全告诉了支
书办。但是支书办不愿意这样做，不过究竟还是尽了全
力替这个囚犯，把案子平反了。后来，囚犯出狱，夫妻
两个人一起 到支书办家里叩头拜谢说：您这样厚德的
人，在近代实在是少有。现在您没有儿子，我有一个女
儿，愿意送给您做扫地的小妾。这在情理上是 可以说得
通的。

支书办听了他的话，就预备了礼物，把这个囚犯的女儿
迎娶为妾，后来生了一个儿子叫支立，才二十岁就中了
举人的前茅，官做到翰林院的书 记，后来支立的儿子叫
做支高，支高的儿子叫支禄，都被保荐做州学县里的教
官。而支禄的儿子叫支大纶，也考中了进士。

以上这十条故事，虽然每人所做的各不相同，不过行的
都是一个善字罢了。若是要再精细的加以分类来说，那
末做善事；有真的，有假的；有 直的，有曲的；有阴
的，有阳的；有是的，有不是的；有偏的，有正的；有
一半的，有圆满的；有大的，有小的；有难的，有易
的。

这种种都各有各的道理，都应该要仔细的辨别。若是做
善事，而不知道考究做善事的道理，就自夸自己做善
事，做得怎样有功德，那里知道这 不是在做善事，而是
在造孽。这样做岂不是冤枉，白费苦心，得不到一些益
处啊！我现在把上面所说过的，分类来加以说明。怎么
叫做真假呢 ？从前在元朝的时候有几个读书人，去拜见
天目山的高僧中峰和尚，问说：佛家讲善恶的报应，像

影子跟著身体一样，人到那里，影子也到那 里，永远不分离。这是说行善，定有好报，造恶定有苦报，决不会不报的。为什么现在某一个人是行善的，他的子孙反而不兴旺？有某一个人 是作恶的，他的家反倒发达得很？那末佛说的报应，倒是没有凭据了。

中峰和尚回答说：平常人被世俗的见解所蒙蔽，这颗灵明的心，没有洗除干净，因此，法眼未开，所以把真的善行反认为是恶的，真的恶行反 算它是善的，这是常有的事情；并且看错了，还不恨自己颠颠倒倒，怎么反而抱怨天的报应错了呢？

大家又说：善就是善，恶就是恶，善恶那里会弄得相反呢？

中峰和尚听了之后，便叫他们把所认为是善的，恶的事情都说出来。其中有一个人说：骂人，打人是恶；恭敬人，用礼貌待人是善。

中峰和尚回答说：你说的不一定对喔！

另外一个读书人说：贪财，乱要钱是恶；不贪财，清清白白守正道，是善。

中峰和尚说：你说的也不一定是对喔！

那些读书人，都把各人平时所看到的种种善恶的行为都讲出来，但是中峰和尚都说：不一定全对喔！

那几个读书人，因为他们所说的善恶，中峰和尚都说他们说得不对，所以就请问和尚，究竟怎样才是善？怎样才是恶？

中峰和尚告诉他们说：做对别人有益的事情，是善；做对自己有益的事情，是恶。若是做的事情，可以使别人得到益处，那怕是骂人，打人，　也都是善；而有益于自己的事情，那么就是恭敬人，用礼貌待人，也都是恶。所以一个人做的善事，使旁人得到利益的就是公，公就是真了；　只想到自己要得到的利益，就是私，私就是假了。并且从良心上所发出来的善行，是真；只不过是照例做做就算了的，是假。还有，为善不求　报答，不露痕迹，那么所做的善事，是真；但是为著某一种目的，企图有所得，才去做的善事，是假；像这样的种种，自己都要仔细地考察。

怎样叫做端曲呢？现在的人，看见谨慎不倔强的人，大都称他是善人，而且很看重他；然而古时的圣贤，却是宁愿欣赏志气高，只向前进的人　，或者是安份守己，不肯乱来的人。因为这种人，才有担当；有作为，可以教导他，使他上进。

至于那些看起来谨慎小心却是无用的好人，虽然在乡里，大家都喜欢他；但是因为这种人的个性软弱，随波逐流，没有志气，所以圣人一定要　说这种人，是伤害道德的贼。这样看来，世俗人所说的善恶观念，分明是和圣人相反。

俗人说是善的，圣人反而说是恶；俗人说是恶的，圣人反而说是善。从这一个观念，推广到各种不同的事情来说，俗人所喜欢的，或者是不喜　欢的，完全不同于圣人。那还有不错的吗？天地鬼神庇佑善人报应恶人，他们都和圣人的看法是一样的，圣贤以为是对的，天地鬼神也以为是　对的；圣贤以为是错的，天地鬼神也认为是错的，而不和世俗人采取相同的看法。所以凡要积功德，绝对不可以被耳朵所喜欢的声音，眼睛所　喜欢的景象所利用，而跟著感觉在走；必须要从起心动念隐微的地方，将自己的心，默默地洗涤清净，不可让邪恶的念头，污染了自己的心。

所以全是救济世人的心，是直；如果存有一些讨好世俗的心，就是曲。全是爱人的心，是直；如果有一丝一毫对世人怨恨不平的心，就是曲； 全是恭敬别人的心，就是直；如果有一丝玩弄世人的心，就是曲。这些都应该细细的去分辨。

怎样叫做阴阳呢？凡是一个人做善事被人知道，叫做阳善；做善事而别人不知道，叫做阴德。有阴德的人，上天自然会知道并且会报酬他的。 有阳善的人，大家都晓得他，称赞他，他便享受世上的美名。享受好名声，虽然也是福，但是名这个东西，为天地所忌，天地是不喜欢爱名之 人的。只要看世界上享受极大名声的人，而他实际上没有功德，可以称配他所享受的名声，常会遭遇到料想不到的横祸，一个人并没有过失差 错，反倒被冤枉，无缘无故被人栽上恶名的人，他的子孙，常常会忽然间发达起来。这样看来，阴德和阳善的分别，真是细微得很，不可以不 加以分辨啊！

怎样叫做是非呢？从前春秋时代的鲁国定有一种法律，凡是鲁国人被别的国家抓去做奴隶；若有人肯出钱，把这些人赎回来，就可以向官府领 取赏金。但是孔子的学生子贡，他很有钱，虽然也替人赎回被抓去的人回来，子贡却是不肯接受鲁国的赏金。他不肯接受赏金，纯粹是帮助他 人，本意是很好。但是孔子听到之后，很不高兴的说：这件事子贡做错了，凡是圣贤无论做什么事情，都是要做了以后，能把风俗变好；可以 教训，引导百姓做好人，这种事才可以做；不是单单为了自己觉得爽快称心，就去做的。现在鲁国富有的人少，穷苦的人多；若是受了赏金就 算是贪财；那末不肯受贪财之名的人，和钱不多的人，就不肯去赎人了。一定要很有钱的人，才会去赎人。如果这样的话，恐怕从此以后， 就 不会再有人向诸侯赎人了。

子路看见一个人，跌在水里，把他救了上来。那个人就送一只牛来答谢子路，子路就接受了。孔子知道了，很欣慰的说：从今以后，鲁国就会 有很多人，自动到深水大河中去救人了。

由这两件事，用世俗的眼光来看，子贡不接受赏金是好的，子路接受牛，是不好的；不料孔子反而称赞子路，责备子贡。照这样看来，要知道 一个人做善事，不能只看眼前的效果，而要讲究是不是会产生流传下去的弊端；不能只论一时的影响，而是要讲究长远的是非；不能只论个人 的得失，而是要讲究它关系天下大众的影响。

现在所为，虽然是善，但是如果流传下去，对人有害，那就虽然像善，实在还不是善；现在所行，虽然不是善，但是如果流传下去，能够帮助 人，那就虽然像不善，实在倒是善！这只不过是拿一件事情来讲讲罢了。说到其它种种，还有很多。例如：一个人应该做的事情，叫做义，但 是有的时候，做该做的事，也会做错，做了倒反而坏事。

譬如坏人，可以不必宽放他，有人宽放他，这事情不能说不是义；但是宽放了这个坏人，反而使他的胆子更大，坏事做得更多；结果旁人受害 ，自己也犯罪；倒不如不要宽放他，给他儆戒，使他不再犯罪的好，不宽放他，是非义，使这个人不再犯罪，是义，这就叫做非义之义。

礼貌是人人应该有的，但是要有分寸，用礼貌对待人，是礼；但若是过份，反而使人骄傲起来，就成为非礼了，这就叫做非礼之礼。

信用虽要紧，但是也要看状况，譬如：顾全小的信用，是信；要顾全小信，却误了大事；反而使得大信，不能顾全，此变成非信了，这就叫做 非信之信。

爱人本来是慈；但是因为过份的慈爱，反而使人胆子变大，闯出大祸，那就变成不慈了，这就叫做非慈之慈。这些问题，都应该细细地加以判 断，分别清楚。

什么叫做偏正呢？从前明朝的宰相吕文懿公刚才辞掉宰相的官位，回到家乡来，因为他做官清廉，公正，全国的人都敬佩他，就像是群山拱卫 著泰山，众星环绕著北斗星一样。独独有一个乡下人，喝醉酒后，骂吕公。但是吕公并没有因为被他骂而生气，并向自己的用人说：这个人喝 酒醉了，不要和他计较。

吕公就关了门，不理睬他。过了一年，这个人犯了死罪入狱，吕公方才懊悔的讲：若是当时同他计较，将他送到官府治罪，可以藉小惩罚而收 到大儆戒的效果，他就不至于犯下死罪了，我当时只想心存厚道，所以就轻轻放过他；那知道，反而养成他天不怕地不怕的亡命之徒的恶性。 他以为就算是骂宰相，也没什么大不了，一直到犯下死罪，送了性命。这就是存善心，反倒做了恶事的一个例子。

也有存了恶心，倒反而做了善事的例子。像有一个大富人家，碰到荒年，穷人大白天在市场上抢米；这个大富人家，便告到县官那里；县官偏 偏又不受理这个案子，穷人因此胆子更大，愈加放肆横行了。于是这个大富人家就私底下把抢米的人捉起来关，出他的丑，那些抢米的人，怕 这大富人家捉人，反倒安定下来，不再抢了。若不是因为这样，市面上几乎大乱了。所以善是正，恶是偏，这是大家都知道的。但是也有存善 心，反倒做了恶事的例子。

这是存心虽正，结果变成偏，只可称做正中的偏；不过也有存恶心，反倒做了善事的例子，这是存心虽是偏，结果反成正，只可称做偏中的正 ；这种道理大家不可不知道。怎样叫做半满的善呢？易经上说：一个人不积善，不会成就好的名誉；不积恶，则不会有杀身的大祸。

书经上说：商朝的罪孽，像穿的一串钱那么满；就仿佛收藏东西装满了一个容器里一样。

如果你很勤奋的，天天去储积，那么终有一天就会积满。商朝由开国一直到纣王，它的过失罪恶，到此时便积满了，因此迅速亡国。如果懒惰 些，不去收藏积存，那就不会满。

所说的积善积恶，也像储存东西一样，这是讲半善满善的一种说法。

从前有一户人家的女子，到佛寺里去，想要送些钱给寺里，可惜身上没有多的钱，只有两文钱，就拿来布施给和尚。而寺里的首席和尚，竟然 亲自替她在佛前回向，求忏悔灭罪。后来这位女子进了皇宫做了贵妃，富贵之后，便带了几千两的银子来寺里布施。但是这位主僧，却只是叫 他的徒弟，替那个女子回向罢了，那个女子不懂前后两次的布施，为什么待遇差别如此之大？就问主僧说：我从前不过布施两文钱，师父就亲 自替我忏悔。现在我布施了几千两银子，而师父不替我回向，不知是什么道理？

主僧回答她说：从前布施的银子虽然少，但是你布施的心，很真切虔诚，所以非我老和尚亲自替你忏悔，便不足以报答你布施的功德；现在布 施的钱虽然多，但是你布施的心，不像从前真切，所以叫人代你忏悔，也就够了。这就是几千两银子的布施，只算是半善；而两文钱的布施，　却算是满善，道理在此。

又汉朝人钟离把他炼丹的方法，传给吕洞宾，用丹点在铁上，就能变成黄金，可拿来救济世上的穷人。吕洞宾问钟离说：变了金，到底会不会　再变回铁呢？

钟离回答说：五百年以后，仍旧要变回原来的铁。

吕洞宾又说：像这样就会害了五百年以后的人，我不愿意做这样的事情。

钟离教吕洞宾点铁成金，不过是试试他的心而已。现在知道吕洞宾存心善良，所以对他说：修仙要积满三千件功德，听你这句话，你的三千件　功德，已经做圆满了。

这是半善满善的又一种讲法。一个人做善事，而内心不可叨念，仿佛自己做了一件不得了的善事；能够这样，那么就随便你所做的任何善事，　都能够成功而且圆满。若是做了件善事，这个心就牢记在这件善事上；虽然一生都很勤勉的做善事，也只不过是半善而已。

譬如拿钱去救济人，要内不见布施的我，外不见受布施的人，中不见布施的钱，这才叫做三轮体空，也叫做一心清净。如果能够这样的布施，　纵使布施不过一斗米，也可以种下无边无涯的福了；即使布施一文钱，也可以消除一千劫所造的罪了。如果这个心，不能够忘掉所做的善事；　虽然用了二十万两黄金去救济别人，还是不能够得到圆满的福。这又是一种说法。

怎么叫做大善小善呢？从前有一个人，叫做卫仲达，在翰林院里做官，有一次被鬼卒把他的魂引到了阴间。阴间的主审判官，吩咐手下的书办　，把他在阳间所做的善

事、恶事两种册子送上来。等册子送到一看，他的恶事
册子，多得竟摊满了一院子；而善事的册子，只不过像
一支筷子 那样小罢了。主审官又吩咐拿秤来秤秤看，那
摊满院子的恶册子反而比较轻，而像一支筷子那样小卷
的善册子反而比较重。卫仲达就问说：我 年纪还不到四
十岁，那会犯了这么多的过失罪恶呢？

主审官说：只要一个念头不正，就是罪恶，不必等到你
去犯，譬如看见女色，动了坏念头，那就是犯过。

因此，卫仲达就问这善册子里记的是什么。主审官说：
皇帝有一次曾想要兴建大工程，修三山地方的石桥。你
上奏劝皇帝不要修，免得劳民伤 财，这就是你的奏章底
稿。

卫仲达说：我虽然讲过，但是皇帝不听，还是动工了，
对那件事情的进行，并没有发生作用，这份疏表怎么还
能有这样大的力量呢？

主审官说：皇帝虽然没有听你的建议，但是你这个念
头，目的是要使千万百姓免去劳役；倘使皇帝听你的，
那善的力量就更大了哩！

所以立志做善事，目的在利益天下国家百姓，那么善事
纵然小，功德却很大。假使只为了利益自己一个人，那
么善事虽然多，功德却很小。

怎么叫做难行易行的善呢？从前有学问的读书人，都
说：克制自己的私欲，要从难除去的地方先除起。

孔子的弟子樊迟，问孔子怎样叫作仁？孔子也说，先要
从难的地方下工夫。

孔子所说的难，也就是除掉私心；并应该先从最难做，

最难克除的地方做起。一定要像江西的一位舒老先生，他在别人家教书，把两年所仅得 的薪水，帮助一户穷人，还了他们所欠公家的钱，而免除他们夫妇被拆散的悲剧。

又像河北邯郸县的张老先生，看到一个穷人，把妻儿抵押了，钱也用了；若是没有钱去赎回，恐怕妻儿都要活不成了。于是就舍弃他十年的积 蓄，替这个穷人赎回他的妻儿。像舒老先生，张老先生，都是在最难处，旁人不容易舍的，他们竟然能够舍得啊！

又像江苏省镇江的一位靳老先生，虽然年老没有儿子，他的穷邻居，愿意把一个年轻的女儿给他做妾，愿能为他生一个儿子。但是这位靳老先 生不忍心误了她的青春，还是拒绝了，就把这女子送还邻居。这又是很难忍处，而能够忍得住的事呀！所以上天赐给他们这几位老先生的福， 也特别的丰厚。

凡是有财有势的人要立些功德，比平常人来得容易，但是容易做，却不肯做，那就叫做自暴自弃了；而没钱没势的穷人，要做些福，都会有很 大的困难，难做到而能做到，这才真是可贵啊！我们为人处事，应该遇到机缘，就去做救济众人的事。不过救济众人，也不是容易的事，救济 众人的种类很多，简单的说，它的重要项目，大约有十种：

第一、是与人为善。看到别人有一点善心，我就帮他，使他善心增长。别人做善事，力量不够，做不成功，我就帮他，使他做成功，这都是与 人为善。

第二、是爱敬存心。就是对比我学问好，年纪大，辈份高的人，都应该心存敬重。而对比我年纪小，辈份低，景况穷的人，都该要心存爱护。

第三、是成人之美。譬如一个人，要做件好事，尚未决定，则应该劝他尽心尽力去做。别人做善事时，遇到了阻碍；不能成功，应想方法，指 引他，劝导他使得他成功；而不可生嫉妒心去破坏他。

第四、是劝人为善。碰到做恶的人，要劝他做恶绝对有苦报，恶事万万做不得。碰到不肯为善，或只肯做些小善的人，就要劝他行善绝对有好 报，善事不但要做，而且还要做得多。做得大。

第五、是救人危急。一般人大多喜欢锦上添花，而缺乏雪中送炭的精神；而当遇到他人最危险、最困难、最紧急的关头；能及时向他伸出援手 ，拉他一把，出钱出力帮他解决危急困境，可以说是功德无量，但是不可以引以为傲！

第六、是兴建大利。有大利益的事情，自然要有大力量的人，才能做到，一个人既然有大力量，自然应该做些大利益的事情，以利益大众。例 如，修筑水利系统、救济大灾害等等。但是没有大力量的人，也可以做到的。譬如，发现河堤上有个小洞，水从洞里冒出，只要用些泥土、小 石，将小洞塞住，这堤防就可以保住，而防止了水灾的发生。事情虽然小，但这种功效也是不可忽视的。

第七、是舍财作福。俗语说：人为财死，世人的心总爱钱财，求财都来不及，还愿意去舍财济助他人吗？因此，能舍财去消除别人的灾难，解 决他人的危急；对一个常人而言，已不简单，对穷人来说，则更加了不起。如按因果来讲，'舍得，舍得，有舍才有得。''舍不得，舍不得 ，不舍就不得。'；做一分善事就会有一分福报，所以不必忧愁我们会因为舍财救人，而使自己的生活陷于绝路。

第八、是护持正法。这种法，就是指各种宗教的法。宗教有正，有邪，法也有正，有邪，邪教的邪法最害人心，自然应该禁止。而具有正知正 见的佛法，是最容易劝导人心，挽回善良风俗的。若是有人破坏，一定要用全力保护维持，不可让他破坏。

第九、是敬重尊长。凡是学问深，见识好，职位高，辈份大，年纪老的人，都称为尊长。自己都应该敬重，不可看轻他们。

第十、是爱惜物命。凡是有性命的东西，虽然像蚂蚁那样小；也是有知觉的，晓得痛苦，并且也会贪生怕死。应该要哀怜它们，怎可以乱杀乱 吃呢？有人常说：这些东西，本来就是要给人吃的。这话是最不通的，而且都是贪吃的人所造出来的话。

以上所讲的十种，只是大概的说明，下面是分别举例比喻：什么叫做与人善呢？从前虞朝的舜，在他还没有做君主之前，在雷泽湖边看见年轻 力壮的渔夫，都拣湖水深处去抓鱼；而那些年老体弱的渔夫，都在水流得急而且水较浅的地方抓。

水流急，鱼停不住，浅滩水少，鱼也比较少，不比水深的地方，鱼都在那里游来游去，较容易抓。那些年轻力壮的渔夫，把好的地方都占去了 。

舜看见这种情形，心里面悲伤哀怜他们。就想了一个方法，他自己也去参加捉鱼，看见那些喜欢抢夺的人，就把他们的过失，掩盖起来，而且 也不对外讲；看见那些比较谦让的渔夫，便到处称赞他们，拿他们作榜样，并且学习他们谦让的模样。像这样，舜抓了一年的鱼，大家都把水 深鱼多的地方让出来了。

舜的故事，不过是用来劝化人，不可误解是劝人抓鱼。
要知道抓鱼是犯杀生的罪孽，千万不可以做啊！那么像
舜那样明白聪明的圣人，那有不 能说几句中肯的话，来
教化众人，而一定要亲自参与呢？要晓得舜不用言语来
教化众人，而是拿自己做榜样，使人见了，感觉渐愧而
改变自己 的自私心理，这真是一个用心良苦的人，所费
的苦心啊！

我们生在这个人心风俗败坏，末世的时代，做人很不容
易；因此，旁人有不如我的地方，不可以把自己的长
处，去盖过旁人？旁人有不善的事 情，不可以把自己的
善，来和别人比较。别人能力不及我，不可以把自己有
的能力，来为难别人。自己纵然有才干聪明，也要收敛
起来，不可 以外露炫耀，应该像是没有聪明才干一样。
要看聪明才干，都是虚的、假的一般。

看到别人有过失，姑且替他包含掩盖。像这样，一方面
可以使他有改过自新的机会，另一方面可以使他有所顾
忌而不敢放肆。若是扯破面皮， 他就没有顾忌了。

看到旁人有些小的长处，可以学的，或有小的善心善
事，可以记的；都应该立刻翻转过来，放下自己的主
见，学他的长处；并且称赞他，替他 广为传扬。一个人
在平常生活中，不论讲句话或是做件事，全不可为自
己，发起一种自私自利的念头；而要全为了社会大众设
想，立出一种规 则来，使大众可以通行遵守，这才是一
位伟大的人物，把天下所有的一切，都看做是公而不是
私的度量呢！

什么叫做爱敬存心呢？君子与小人，从外貌来看，常常
容易混淆，分不出真假。因为小人会装假仁假义，冒充
君子。不过这一点存心，君子是 善，小人是恶，彼此相
去很远，他们的分别，就像黑白两种颜色，绝对相反不

同。所以孟子说：君子所以与常人不同的地方，就是他们的存心 啊！

君子所存的心，只有爱人敬人的心。因为人虽然有亲近的，疏远的，有尊贵的，有低微的，有聪明的，有愚笨的，有道德的，有下流的，千千 万万不同的种类；但是这些都是我们的同胞，都是和我们一样有生命，有血有肉，有感情，那一个不该爱他敬他呢？爱敬众人，就是爱敬圣贤 人。能够明白众人的意思，就是明白圣贤人的意思。为什么呢？

因为圣贤人本来都希望世界上的人，大家都能安居乐业，过著幸福美满的生活。所以，我们能够处处爱人，处处敬人，使世上的人，个个平安 幸福，也就可以说是代替圣贤，使这个世界上人人都能够平安快乐了。

什么叫做成人之美呢？举例来说，若是把一块里面有玉的石头，随便乱丢抛弃，那末这块里面有玉的石头也只不过是和瓦片碎石一样，一文不 值了。若是把它好好的加以雕刻琢磨，那么这块石头，就成了非常珍贵的宝物圭璋了。

一个人也是如此，也全是靠劝导提引；所以看到别人做一件善事，或者是这个人立志向上，而且他的资质足以造就的话；都应该好好的引导他 ，提拔他，使他成为社会上的有用之材；或是夸赞他，激励他，扶持他；若是有人冤枉他，就替他辩解冤屈，来替他分担无端被人恶意的毁谤 ，可以设法代替他，顶替他被毁谤的事实，减轻他所受的毁谤，这样叫做分谤。

务必要使他能够立身于社会，而后才算是尽了我的心意。大概通常的人，对那些与他不同类型的人，都不免有厌恶感，譬如小人恨君子，恶人 恨善人。

在同一个乡里的人，都是善的少，不善的多。正因为不善的人很多，善的人少，所以善人处在世俗里，常常被恶人欺负，很难立得住脚，况且 豪杰的性情大多数是刚正不屈，并且不注意修饰外表，世俗的眼光，见识不高，只看外表，就说长道短，随便批评；所以做善事也常常容易失 败，善人也常常被人毁谤。

碰到这种情形，只有全靠仁人长者，才能纠正那些邪恶不正的人，教导指引他们改邪归正，保护，帮助善人，使他成立；像这样辟邪显正的功 德，实在是最大的。

什么叫做劝人为善呢？一个人既然已经生在世上做了人，那一个没有良心呢？但是因为汲汲地追逐名利，弄得这世间忙碌不堪，只要有名利可 得，就昧著良心，不择手段地去做，那就最容易堕落了。所以与别人往来相处，时常要留心观察这个人，若是看他要堕落了，就应该随时随地 提醒他，警告他，开发他的糊涂昏乱。

譬如，看见他在长夜里做了一个浑浑噩噩的梦，一定要叫唤他，使他赶快清醒；又譬如看他长久陷落在烦恼里，一定要提拔他一把，使他头脑 转为清凉。

像这样以恩待人，功德是最周遍，最广大的了。从前韩文公曾说：以口来劝人，只在一时，事情过了，也就忘了；并且别处的人，无法听到。 以书来劝人，可以流传到百世，并且能传遍世界；所以做善书，有立言的大功德。

这里说以口来劝，用书来劝人为善，与前面所讲的与人为善比较起来，虽然较注重形式的痕迹，但是这种对症下药的事，时常会有特殊的效果 ；这种方法是不可以放弃的。

并且劝人也得要劝的得当，譬如这个人太倔强，不可以用话来劝，你若是用话去劝了，不但是白劝，所劝的话，也成了废话，这叫做失言。如 果这个人性情温顺，可以用话来劝，你却是不劝，错过了劝人为善的机会，这叫做失人。失言失人，都是自己智慧不够，分辨不出来，就应该 自己仔细反省检讨；如此才能不失言，也不失人。

什么叫做救人危急呢？患难颠沛的事情，在人的一生当中，都是常有的。假使偶而碰到患难危急的人，应该要将他的痛苦，当做是发生在自己 的身上一样，赶快设法解救，看他有什么被人冤屈压迫的事情，或是用话语帮助他申辩明白，或是用种种的方法来救济他的困苦。明朝的崔子 曾经说：恩惠不在乎大小，只要在别人危急的时候，赶紧去帮助他就可以了。这句话真正是仁者的话呀！

什么叫做兴建大利呢？讲小的，在一个乡中，讲大的，在一个县内，凡是有益公众的事，最应该发起兴建。或是开辟水道来灌溉农田；或是建 筑堤岸来预防水灾；或是修筑桥梁，使行旅交通方便，或是施送茶饭，救济饥饿口渴的人。

随时遇到机会，都要劝导大家，同心协力，出钱出力来兴建；纵然有别人在暗中毁谤你，中伤你；你也不要为了避嫌疑就不去做，也不要怕辛 苦，担心别人嫉妒怨恨，就推托不做，这都是不可以的。

什么叫做舍财作福呢？佛门里的万种善行，以布施为最重要。讲到布施，就只有一个舍字，什么都舍得，就合佛的意思了。

真正明白道理的人，什么都肯舍；譬如自己身上的眼睛，耳朵，鼻子，舌头，身体，念头，没有一样不肯舍掉。譬如，佛陀曾在因地修行的时　候，舍身饲虎。

在身外的色、声、香、味、触、法，也都可以一概舍弃。一个人所有的一切，没有一样不可以舍掉，能够如此，那就身心清净，没有烦恼，就　如同佛菩萨了。

若是不能什么都舍，那就先从钱财上著手布施。世间人都把穿衣吃饭，看得像生命一样重要；因此，钱财上的布施也最为重要；如果我能够痛　痛快快地施舍钱财；对内而言，可以破除我小器的毛病；对外而言，则可救济别人的急难。

不过钱财不易看破，起初做起来，难免会有一些勉强，只要舍惯了，心中自然安逸，也就没有什么舍不得了。这是最容易消除自己的贪念私心　，也可以除掉自己对钱财的执著与吝啬。

什么叫做护持正法呢？法是千万年来，有灵性的有情生命的眼目，也是真理的准绳；但是法有正有邪，如果没有正法，如何能够参加帮助天地　造化之功呢？怎样会使得各式各样的人以及种种的东西，都能够像裁布成衣那样的成功呢？怎样可以脱出那种种的迷惑，离开那种种的束缚呢　？怎样可以建设整理世上一切的事情，和逃出这个污秽世界，生死轮回的苦海呢？这都需要靠有了正法，才像有了光明的大路可走。

所以凡是看到圣贤的寺庙，图像，经典，遗训，都要加以敬重；至于有破损不完全的，都应该要修补，整理。而讲到佛门正法，尤其应该敬重　的加以传播宣扬，使大家都重视，才可以上报佛的恩德，这些都是更应该加以全力去实践的。

什么叫做敬重尊长呢？家里的父亲，兄长，国家的君王，长官；以及凡是年岁，道德，职位，见识高的人，都应该格外虔诚的去敬重他们。

在家里侍奉父母，要有深爱父母的心，与委婉和顺的容貌；而且声要和，气要平；这样不断地薰染成习惯，就变成自然的好性情，这就是和气 可以感勤天心的根本办法。

出门在外侍候君王，不论什么事，都应该依照国法去做；不可以为君王不知道，自己就可以随意乱做呀！办一个犯罪的人，不论他的罪轻或重 ，都要仔细审问，公平地执法；不可以为君王不知道，就可以作威作福冤枉人！

服侍君王，像面对上天一样的恭敬，这是古人所订的规范，这种地方关系阴德最大。你们试看，凡是忠孝人家，他们的子孙，没有不发达久远 而且前途兴旺的，所以一定要小心谨慎的去做。

什么叫做爱惜物命呢？要知道一个人之所以能够算他是人，就是在他有这一片恻隐的心罢了。所以孟子说：没有恻隐之心就不是人。

求仁的，就是求这一片恻隐之心；积德的，也就是积这一片恻隐的心。有恻隐心就是仁；有恻隐心，就是德。没有恻隐心，就是无仁心，没道 德。周礼上曾说：每年正月的时候，正是畜牲最容易怀孕的期间，这时候祭品勿用母的。因为要预防畜牲肚里有胎儿的缘故。

孟子说：君子不肯住在厨房附近。就是要保全自己的恻隐之心，所以，前辈有四种肉不吃的禁忌。譬如说，听到动物被杀的声音，不吃，或者 在它被杀的时候看见，不吃；或者是自己养大的，不吃，或专门为我杀的，不吃。后辈的人，若要学习前辈的仁慈心，一下子做不到断食荤腥，也应该依照前辈的办法，禁戒少吃。

照佛法来讲，一切有生命的东西，都是因为前生造了孽而投胎做畜牲；等到它们的罪孽还完了后，仍然可以投胎做人的。做人以后若是肯修行，也可以修成佛。那么我今生所吃的肉，难保不就是吃了未来佛的肉，并且现在的畜牲，在无量过去的前世中，也一定曾经做过人；那么它们可能曾做过我前生中的父母，妻子，亲族，朋友，我今天吃的肉，可能就是吃我前生的父母，妻子，亲族，朋友的肉了。而今天我做人，它做畜牲，我吃它，我就造了杀孽，与它结下冤仇。如果被我吃的畜牲，来世它的孽债还清了，投生做了人，而我却因为杀生造孽，投胎做畜牲，恐怕他也要报复我杀他之仇，而来杀我，吃我了。这样说来，还能杀生么？肉还能吃得下吗？况且吃肉就算味道好，也不过是经过嘴里到喉咙那段时候，还觉得有味道，等到咽了下去，还有什么味道？与素菜有什么两样，为什么一定要杀生造孽呢？

虽然一时做不到不吃肉，也应该渐渐地减少吃肉，直到完全不吃。这样子慈悲心就会愈来愈增加。不但杀生应戒，就是那些极小，不论愚蠢的或是有灵性的，凡是有生命的，都应该禁止伤害它们的性命。像要用丝来做衣服，就把蚕茧放在水里烧，那要伤害多少蚕的性命？掘地种田，要杀害地下多少虫的性命；想想我们穿的衣、吃的饭，是从那里来的呢？都是杀它们的命，来养活我们自己；所以糟蹋粮食，浪费东西的罪孽，实在也应该与杀生的罪孽相等。至于随手误伤的生命，脚下误踏而死的生命，又不晓得有多少，这都应该要设法防止。宋朝的苏东坡有首诗说：爱鼠常留饭，怜蛾不点灯。

意思是说：恐怕老鼠饿死，所以为老鼠留些饭；哀怜飞蛾扑到灯上烫死，所以灯也不点。这话是多么的仁厚慈悲呀！

善事无穷无尽，那能说得完；只要把上边说的十件事，加以推广发扬，那么无数的功德，就都完备了。

第四篇：谦德之效（白话文）

第三篇所说的，都是积善的方法，能够积善，自然最好，但人在社会上，不能不和人来往，做人的方法必须加以讲究；而最好的方法就是谦虚了。一个人能谦虚，在社会上一定会得到大众广泛的支持与信任，而懂得谦虚，便更知道'日新又新'的重要；不但学问要求进步，做人做事交朋友等等，样样都要求进步。所有种种的好处，都从谦虚上得来，所以称为谦德。这一篇专讲谦虚的好处，谦虚的效验；大家要仔细的研究，不可以囫囵吞枣，那就必定能够得到大的利益。

易经谦卦上说：天的道理，不论什么，凡是骄傲自满的，就要使他亏损，而谦虚的就让他得到益处。地的道理，不论什么，凡是骄傲自满的，也要使他改变，不能让他永远满足；而谦虚的要使他滋润不枯，就像低的地方，流水经过，必定会充满了他的缺陷。鬼神的道理，凡是骄傲自满的，就要使他受害，谦虚的便使他受福。人的道理，都是厌恶骄傲自满的人，而喜欢谦虚的人。

这样看来，天、地、鬼、神、人、都看重谦虚的一边。易经上六十四卦，所讲的都是天地阴阳变化的道理，教人做人的方法。每一卦爻中，有凶有吉，凶卦是警戒人去恶从善，吉卦是勉励人要日新又新，唯有这个谦卦，每一爻都吉祥。书经上也讲：自满，就会遭到损害，自谦，就会受到益处。

我好几次和许多人去参加考试，每次都看到贫寒的读书人，快要发达考中的时候，脸上一定有一片谦和，而且安详的光采发出来，仿佛可以用手捧住的样子。

辛未年，我到京城去会试，我的同乡嘉善人一起去参加会试的，大约有十个人，只有丁敬宇，这个人最年轻，而且非常谦虚，我告诉同去会试的费锦坡讲：这位老兄，今年一定考中。费锦坡问我说：怎样能看出来呢？

我说：只有谦虚的人，可以承受福报。老兄你看我们十人当中，有诚实厚道，一切事情，不敢抢在人前，像敬宇的吗？有恭恭敬敬，一切多肯顺受，小心谦逊，像敬宇的吗？有受人侮辱而不回答，听到人家毁谤他而不去争辩，像敬宇的吗？一个人能够做到这样，就是天地鬼神，也都要保佑他，岂有不发达的道理？等到放榜，丁敬宇果然考中了。

丁丑年在京城里，和冯开之住在一起，看见他总是虚心自谦，面容和顺，一点也不骄傲，大大的改变了他小时候的那种习气。他有一位正直又诚实的朋友季霁岩，时常当面指责他的错处，但却只看到他，平心静气地接受朋友的责备，从来不反驳一句话。我告诉他说：一个人有福，一定有福的根苗；有祸，也一定有祸的预兆。只要这个心能够谦虚，上天一定会帮助他，你老兄今年必定能够登第了！后来冯开之果然真的考中了。

赵裕峰，名光远，是山东省冠县人；不满二十岁的时候，就中了举人，后来又考会试，却多次不中。他的父亲做嘉善县的主任秘书，裕峰随同他父亲上任。裕峰非常羡慕嘉善县名士钱明吾的学问，就拿自己的文章去见他，那晓得这位钱先生，竟然拿起笔来，把他的文章都涂掉了。裕峰不但不发火，并且心服口服，赶紧把自己文章的缺失改了。如此虚心用功的年轻人，实在是少有，到了明年，裕峰就考中了。

壬辰年我入京城去觐见皇帝，见到一位叫夏建所的读书人，看到他的气质，虚怀若谷，毫无一点骄傲的神气，而且他那谦虚的光采，就像会逼近人的样子。我回来告诉朋友说：凡是上天要使这个人发达，在没有发他的福时，一定先发他的智慧，这种智慧一发，那就使浮滑的人自然会变得诚实，放肆的人也就自动收敛了，建所他温和善良到这种地步，是已发了智慧了，上天一定要发他的福了。等到放榜的时候，建所果然考中了。

江阴有一位读书人。名叫张畏岩，他的学问积得很深，文章做得很好，在许多读书人当中，很有名声。甲午年南京乡试，他借住在一处去寺院里，等到放榜，榜上没有他的名字，他不服气，大骂考官，眼睛不清楚，看不出他的文章好。那时候有一个道士在旁微笑，张畏岩马上就把怒火发在道士的身上。道士说：你的文章一定不好。张畏岩更加的发怒说：你没有看到我的文章，怎么知道我写得不好呢？道士说：我常听人说，做文章最要紧的，是心平气和，现在听到你大骂考官，表示你的心非常不平，气也太暴了，你的文章怎么会好呢？

张畏岩听了道士的话，倒不觉的屈服了，因此，就转过来向道士请教。道士说：要考中功名，全要靠命，命里不该中，文章虽好，也没益处，仍不会考中，一定要你自己改变改变。

张畏岩问道：既然是命，怎样去改变呢？道士说：造命的权，虽然在天，立命的权，还是在我；只要你肯尽力去做善事，多积阴德，什么福不可求得呢？

张畏岩说：我是一个穷读书人，能做什么善事呢？

道士说：行善事，积阴功，都是从这个心做出来的。只要常常存做善事，积阴功的心，功德就无量无边了。就像谦虚这件事，又不要花钱，你为什么不自我反省，自己工夫太浅，不能谦虚，反而骂考官不公平呢？

张畏岩听了道士的话，从此以后就压低一向骄傲的志向，自己很留意把持住自己，勿走错了路，天天加功夫去修善，天天加功夫去积德。到了丁酉年，有一天，他做梦到一处很高的房屋里去，看到一本考试录取的名册，中间有许多的缺行。他看不懂，就问旁边的人说：这是什么？那个人说：这是今年考试录取的名册。而张畏岩问：为什么名册内有这么多的缺行？那个人又回答说：阴间对那些考试的人，每三年考查一次，一定要积德，没有过失，这册里才会有名字。像名册前面的缺额，都是从前本该考中，但是因为他们最近犯了有罪过的事情，才把名字去掉的。

后来那个人又指了一行说：你三年来，很留心的把持住自己，没犯罪过，或者是应该补上这个空缺了，希望你珍重自爱，勿犯过失！果然张畏岩就在这次的会考，考中了第一百零五名。

从上面所讲的看来，举头三尺高，一定有神明在监察著人的行为。因此，利人，吉祥的事情，都应该赶快的去做；凶险，损人的事，应该避免，不要去做，这是可以由我自己决定的，只要我存好心，约束一切不善的行为，丝毫不得罪天地鬼神，而且还要虚心，自己肯迁就不骄傲，使得天地鬼神，时时哀怜我，才可以有福的根基，那些满怀傲气的人，一定不是远大的器量，就算能发达，也不会长久地享受福报。稍有见识的人，一定不肯把自己肚量，弄得很狭窄，而自己拒绝可以得到的福，况且谦虚的人，他还有地方可以受到教导，若人不谦虚，谁肯去教他？

并且谦虚的人，肯学别人的好处，别人有善的行动，就去学他，那么得到的善行，就没有穷尽了。尤其是进德修业的人，一定所不可缺少的啊！

古人有几句老话说：有心要求功名的，一定可以得到功名；有心要求富贵的，一定可以得到富贵。一个人有远大的志向，就像树有根一样；树有根，就会生出丫枝花叶来。

人要立定了这种伟大的志向，必须在每一个念头上，都要谦虚，即使碰到像灰尘一样极小的事情，也要使别人方便，能够做到这样，自然会感动天地了。

而造福全在我自己，自己真心要造，就能够造成。像现在那些求取功名的人，当初那有什么真心，不过是一时的兴致罢了；兴致来了，就去求，兴致退了，就停止，孟子对齐宣王说：大王喜好音乐，若是到了极点，那么齐国的国运大概可以兴旺了。但是大王喜好音乐，只是个人在追求快乐罢了，若是能把个人追求快乐的心，推广到与民同乐，使百姓都快乐，那么齐国还有不兴旺的么？

我看求科名，也是这样，要把求科名的心，落实推广到积德行善上；并且要尽心尽力地去做，那么命运与福报，就都能够由我自己决定了！